抖音短视频

电商运营从入门到精通

陆高立　主编

清华大学出版社
北京

内 容 简 介

本书是笔者运营抖音100万+粉丝的经验总结，更是为200多个企业做内训的课程精华。

全书紧扣抖音短视频电商运营的4大核心：新手建号+引流涨粉+爆款打造+商业变现，进行了全面、细致的讲解，帮助新手零基础玩转抖音电商运营、引流变现，从0到1成为抖音大V，打造个人IP，开启抖音掘金之路。

本书不仅适合抖音的入门新手，也适合粉丝停滞不前的运营者，特别适合想打造爆款，进行商业变现的抖音从业者。

本书封面贴有清华大学出版社防伪标签，无标签者不得销售。

版权所有，侵权必究。举报：010-62782989，beiqinquan@tup.tsinghua.edu.cn。

图书在版编目(CIP)数据

抖音短视频电商运营从入门到精通 / 陆高立主编. —北京：清华大学出版社，2020.6（2024.3重印）
ISBN 978-7-302-55372-4

Ⅰ. ①抖…　Ⅱ. ①陆…　Ⅲ. ①网络营销　Ⅳ. ①F713.365.2

中国版本图书馆CIP数据核字(2020)第068464号

责任编辑：张　瑜　杨作梅
封面设计：杨玉兰
责任校对：周剑云
责任印制：宋　林

出版发行：清华大学出版社
　　　　网　　　址：https://www.tup.com.cn, https://www.wqxuetang.com
　　　　地　　　址：北京清华大学学研大厦A座　　　　　邮　　编：100084
　　　　社 总 机：010-83470000　　　　　　　　　　　邮　　购：010-62786544
　　　　投稿与读者服务：010-62776969, c-service@tup.tsinghua.edu.cn
　　　　质量反馈：010-62772015, zhiliang@tup.tsinghua.edu.cn
印 装 者：三河市天利华印刷装订有限公司
经　　销：全国新华书店
开　　本：170mm×240mm　　　印　　张：15　　　字　　数：234千字
版　　次：2020年6月第1版　　　　　　　　　　　印　　次：2024年3月第7次印刷
定　　价：59.80元

产品编号：085493-01

专家编委会

老壹

    精壹门创始人

    资深社群营销专家

    社群序列式发售创立者

    中国社群营销大会总策划

    畅销书《引爆微信群》作者

    浙江省电子商务促进会常务理事

    马来西亚移动电商协会国际顾问

杨赵进

    非常好教育创始人

    《微商实战秘术》作者

周圣超

    生命惊喜创始人

    赋升企业发展（上海）有限公司董事长

    中国家庭教育高级指导师

    中国未来教育研究院名誉院长

    广受认可的少年领袖成长训练师

    精英父母生命指导帅

李炳池

　　神笔文案创始人，文案撰稿人／顾问

　　18 年营销经验，曾帮助客户们创造了百亿以上的销售额。

　　作品有：《信手拈来，一夜之间改变你的广告》《终极文案撰写系统》《营销策略精华集锦》《直接营销秘诀》《营销跳板》《广告文案公式集锦》《下笔收钱：文案催眠金句与模板》《收钱文案》等。

宋容（Lancy）

　　微商团队领袖

　　三草两木明星联盟联合创始人

前言

在 2014 年 6 月 25 号之前，我还是一个在家里每天脸朝黄土背朝天的农村青年，因为一次偶然机会，一通电话改变了我的人生轨迹。在一位贵人的感召之下，2014 年 6 月 25 日我下定决心买了一张 229 块钱的火车票，不顾亲戚朋友的反对，从老家坐了 30 个小时的火车来到上海。

刚来到上海的时候，我要去参加一个培训课程。为了参加那个课程，我不仅把自己身上的钱花光了，还借了很多朋友的钱。课程结束后，我去了这家培训公司工作。刚来到公司，我非常努力，每天早上五点钟起床跑步，然后在公园背话术练演讲，每天疯狂地打 200 通电话，甚至有的时候打到嗓子都沙哑了还要继续打。因为自己非常努力，所以短短 3 个月的时间，我就成为公司成立以来最年轻的业务经理，开始带领团队。到最后成为公司的讲师，开始到处去演讲。

2016 年，我选择从公司出来自己创业，正式转型做线上培训。因为有演讲和业务的功底，所以在短短不到 3 个月的时间内，我在微信上就招募了 300 多个会员，赚了 30 多万元。到了 2018 年 7 月份，我突然看到我的一个同行开始在抖音上做分享。我关注了将近两个月，亲眼见证她的粉丝从零开始不断增加，有时候一天竟然涨粉十几万，我感到非常震惊。到 2018 年 9 月份，我觉得不能再继续等下去了，于是开始进军抖音。

2014 年微信营销非常火，但是当时在培训公司的时候，我们一直都在用电话销售，所以错失了微信的第一波红利期，我也看到了很多人抓住了那一波红利赚得盆满钵满。正因为曾经错失这么一个巨大的机会，本能反应告诉我，这次抖音的红利我不能再错过了。

出来创业的 3 年时间，我一直都在微信上获取流量。自从用了抖音，我才发现它们之间的天壤之别。我敢打赌：未来两年，微信只能作为转化工具。而抖音将是最佳的流量工具，为什么这么说呢？因为它们背后的算法机制：你在公众号写了一篇文章，或者发布了一个视频，只要你自己不去推广，绝对没有人会看见；而抖音上的作品，不管你自己看不看，推广不推广，它都会先把你的作品随机推送给几百个跟你内容类型匹配的用户，如果用户的完播率、点赞率、关注率、评论率、转发率不错的话，它就会继续把作品丢给更多的人看，也就是完全靠内容。只要你的内容好，即使你是一个小白，你都可以一夜爆红。

当年，我的微信突破两万粉丝大概用了一年的时间。2018 年 9 月 12 日，我运营第一个抖音不到一个月的时间，就有了 20 多万粉丝，这就是本质的差别。当时一条视频播放量高达 300 多万，当天就涨了 8 万粉丝，这让我激动万分，我觉得抖音太神奇了。

所以，在抖音中只要你做好内容、上传，其他的就交给智能算法了。等于是说，你有料，它就给你粉丝。我们做抖音不到 3 个月时间就涨了 40 万粉丝，变现了近 50 万元，不到一年时间我们就拥有了 100 多万的抖音粉丝，直接变现了 110 万元。我们曾经的一条视频播放量高达 3800 万，一天涨了 30 万的粉丝，当天直接引流到微信个人号 1000 人。抖音的推荐机制让每个人都有机会，只要你的内容够好，那么，拥有几十万，甚至上百万的粉丝将不再是梦。

为了帮助更多的个人创业者、中小微企业主更好地学会运营抖音营销变现，我们团队把自己一年的实操经验整理出来，从而变成了这本书，内容包括抖音短视频电商运营的各方面内容，从建号开始，到引流涨粉，到爆款打造，再到变现赚钱，应有尽有，总有一些内容能帮到你。

本人每天都在抖音的一线实战运营，每天也都在积累更新、更多的经验。如果你有兴趣，欢迎加我微信交流，让我们一起，去实现梦想。

本书由陆高立编著，参与编写的人员还有高彪等人。由于编者水平有限，书中难免存在疏漏之处，恳请广大读者批评、指正。

编　者

目录

第1章

账号运营：定制特色抖音名片

学前提示

　　作为一个拥有着巨大流量的平台，抖音俨然已经成为各大品牌和企业必备的运营平台。那么，抖音平台运营需要做好哪些工作呢？

　　这一章笔者将从账号设置、账号定位、抖音的主要界面和抖音运营注意事项等方面，全面解读抖音的账号运营工作。

要点展示

- 对你的账号进行定制
- 账号定位，把握自身发展方向
- 熟悉抖音的主要界面
- 抖音运营的注意事项

1.1 对你的账号进行定制

抖音的运营细节和运营技巧是一样的逻辑，它的思维点是相同的。试想一下，用户在刷抖音的时候，通常是利用碎片化的时间快速浏览，当他浏览到一个页面的时候为什么会停下来？

他停下来最根本的原因是被表面的东西，并不是具体的内容吸引了，内容是用户点进去之后才能看到的。那么，表面的东西是什么？其实就是整体数据和封面图，以及账号对外展示的东西，如名字、头像和简介等。

1.1.1 注册账号

抖音无须进行复杂的账号注册操作，我们只需用手机号或微信等账号直接登录即可。具体来说，可以通过如下操作登录抖音短视频平台。

步骤 01 进入抖音短视频 App 之后，点击"推荐"界面中的"我"按钮，如图 1-1 所示。

步骤 02 操作完成后，进入账号登录界面，如图 1-2 所示。我们可以点击"本机号码一键登录"按钮，用手机号登录抖音。除了手机号码登录之外，还可以通过其他方式登录抖音号。

图 1-1 点击"我"按钮

图 1-2 账号登录界面

步骤 03 如果点击"其他方式登录"按钮，便会弹出其他账号登录抖音号选项，如图 1-3 所示。例如，我们点击 按钮，便可进入如图 1-4 所示的微信登录确认界面。我们只需点击界面中的"同意"按钮，便可用该微信号登录抖音。

图 1-3　弹出其他账号登录选项　　　　图 1-4　微信登录确认界面

1.1.2　账号认证

用户要想在抖音平台上占据一方阵地，首先要有账号。有了账号、能发布视频还不够，还必须认证，这样才能有一定的身份。

用户可以在抖音的"设置"界面中选择"账号与安全"选项进入其界面，然后选择"申请官方认证"选项，如图 1-5 所示。进入"抖音官方认证"界面，可以看到个人进行认证需要满足 3 个条件，分别是发布视频≥ 1 个、粉丝量≥ 1 万名、绑定手机号，满足条件后可以点击如图 1-6 所示的"立即申请"按钮，申请认证。

申请之后需要等待抖音官方的审核。只要你的资料属实，审核会很快通过的。审核通过后，会在个人资料里显示官方认证的字样，个人认证为黄色的"V"，企业机构认证为蓝色的"V"，如图 1-7 所示。

同样的内容，不同的账号发出来的效果是完全不一样的，尤其是认证和没有认证的账号，差距非常大，为什么会出现这种情况？因为抖音平台在给你一定流量和推荐的时候，其实也是取决于你的账号权重。

做过今日头条的用户就会发现，老账号的权重和新账号的权重，以及开了原创和没有开原创的账号，它们的区别很大。在抖音上面也是一样的，一个没有加"V"的账号很难超过一个加"V"的账号，因此账号包装非常重要。

当你注册抖音账号后，即使是付费，也要让你的账号绑定一个认证的微博，同时你的抖音也会显示加"V"。如果你的头条号已经是加"V"的，也可以绑定头条号，同时还可以绑定火山小视频、微信、QQ 以及手机号等，所有的真实信息全部完善，这样账号包装才能做到非常完美，此时再发布内容，得到流量和推荐的机会就更大。

图1-5　选择"申请官方认证"选项　　　　图1-6　"抖音官方认证"界面

图1-7　官方认证账号示例

1.1.3　昵称修改

抖音的昵称（即抖音账号名称）需要有特点，而且最好和定位相关。抖音修改昵称也非常方便，具体操作步骤如下。

步骤 01 登录抖音短视频 App，进入"我"界面，点击界面中的"编辑资料"

按钮，如图 1-8 所示。

步骤 02 进入"编辑个人资料"界面，点击"昵称"选项，如图 1-9 所示。

图 1-8　点击"编辑资料"按钮

图 1-9　点击"昵称"选项

步骤 03 进入"修改昵称"界面，在"我的昵称"文本框中输入新的昵称；点击"保存"按钮保存，如图 1-10 所示。

步骤 04 操作完成后，返回"我"界面，可以看到此时账号昵称便完成了修改，如图 1-11 所示。

图 1-10　"修改昵称"界面

图 1-11　完成昵称的修改

在设置抖音昵称时有两个基本的技巧，具体如下。

（1）名字不能太长，太长的话用户不容易记忆，通常为 3~5 个字即可。

（2）最好能体现人设感，即看见名字就能联想到人设。人设是指人物设定，包括姓名、年龄、身高等人物的基本设定，以及企业、职位和成就等背景设定。

1.1.4 头像设置

抖音账号的头像也需要有特点，必须展现自己最美的一面，或者展现企业的良好形象。抖音账号的头像设置主要有两种方式，具体如下。

1. "我"界面修改

在抖音"我"界面中，用户可以通过如下步骤修改头像。

步骤 01 进入抖音短视频 App 的"我"界面，点击界面中的抖音头像，如图 1-12 所示。

步骤 02 进入如图 1-13 所示的头像展示界面，点击下方的"更换"按钮。

图 1-12 点击抖音头像

图 1-13 点击"更换"按钮

步骤 03 操作完成后，弹出如图 1-14 所示的头像修改方式对话框，用户可以通过"拍一张"或"相册选择"的方式修改头像。这里笔者以"相册选择"为例进行说明。

步骤 04 选择"相册选择"选项之后，从相册中选择需要作为头像的图片，如图 1-15 所示。

图1-14 选择"相册选择"选项　　　**图1-15 选择需要作为头像的图片**

步骤 05 进入图片裁剪页面，对图片进行裁剪之后，点击下方的"确定"按钮，如图1-16所示。

步骤 06 操作完成后，返回"我"界面，头像修改完成，如图1-17所示。

图1-16 点击"确定"按钮　　　**图1-17 完成头像修改**

2. "编辑个人资料"界面修改

在"编辑个人资料"界面中，用户只需点击头像，便可在弹出的对话框中选择合适的方式修改头像，如图1-18所示。如选择"相册选择"选项之后，只需按照在"我"界面修改的步骤01～步骤05操作，便可完成头像的修改。

图1-18　在"编辑个人资料"界面修改头像

在设置抖音头像时有两个基本的技巧，具体如下。

(1) 头像一定要清晰。

(2) 个人人设账号一般使用主播肖像作为头像。

(3) 团体人设账号可以使用代表人物形象作为头像，或者使用公司名称、LOGO等标志。

1.1.5　简介编写

抖音的账号简介通常是简单明了，一句话解决，主要原则是"描述账号＋引导关注"，基本设置技巧如下。

● 前半句描述账号特点或功能，后半句引导关注，一定要明确出现关键词"关注"，如图1-19所示。

● 账号简介可以用多行文字，但一定要在多行文字的视觉中心出现"关注"两个字。

● 用户可以在简介中巧妙地推荐其他账号，如图1-20所示，但不建议直接引导加微信等。

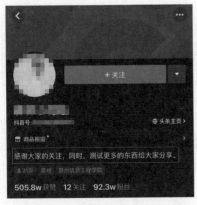

图 1-19　在简介中引导关注

图 1-20　不建议直接引导加微信

1.2　账号定位，把握自身发展方向

在抖音账号的运营过程中，必须要做好账号定位。账号定位，简单的理解就是确定账号的运营方向，具体可细分为行业定位、内容定位、产品定位和用户定位 4 个部分。可以说，只要账号定位准确，抖音运营者就能把握住账号的发展方向。

1.2.1　行业定位

行业定位就是确定账号分享的内容的行业和领域。通常来说，抖音运营者在做行业定位时，只需选择自己擅长的领域即可。当然，有时候某个行业包含的内容比较广泛，且抖音上做该行业内容的抖音号已经比较多了。此时，抖音运营者便可以通过对行业进行细分，侧重从某个细分领域打造账号内容。

比如，化妆行业包含的内容比较多，这个时候我们就可以通过领域细分从某方面进行重点突破。这个方面比较具有代表性的当属李佳琦了，这位号称"口红一哥"的美妆博主便是通过分享口红相关的内容，来吸引对口红感兴趣的人群的关注的。

又如，摄影包含的内容比较多，但现在越来越多的人开始直接用手机拍摄视频，而且这其中又有许多人对摄影构图比较感兴趣。因此，抖音号"手机摄影构图大全"针对这一点专门深挖手机摄影构图，如图 1-21 所示。

图 1-21　手机摄影构图大全的行业定位

1.2.2 内容定位

抖音内容定位就是确定账号的内容方向，并据此进行内容的生产。通常来说，抖音运营者在做内容定位时，只需结合账号定位确定需要发布的内容即可。例如，抖音号"手机摄影构图大全"的账号定位是做一个手机摄影构图类账号，所以该账号发布的内容以手机摄影构图视频为主。

抖音运营者确定了账号的内容方向之后，便可以根据该方向进行内容的生产了。当然，在抖音运营的过程中，内容生产也是有技巧的。具体来说，抖音运营者在生产内容时，可以运用以下技巧，轻松打造持续性的优质内容，如图1-22所示。

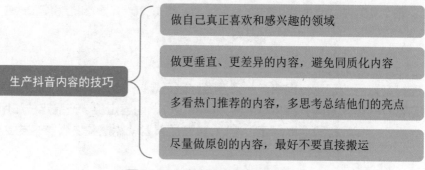

图1-22　生产抖音内容的技巧

1.2.3 用户定位

在抖音号的运营中，如果能够明确用户群体，做好用户定位，并针对主要的用户群体进行营销，那么，抖音号生产的内容将更具有针对性，从而对主要用户群体产生更强的吸引力。

在做用户定位时，抖音运营者可以从性别、年龄、地域分布和星座分布等方面分析目标用户，了解抖音的用户画像和人气特征，并在此基础上更好地做出针对性的运营策略和精准营销。

在了解用户画像情况时，我们可以适当地借助一些分析软件。例如，我们可以通过如下步骤，在飞瓜数据微信小程序中进行了解。

步骤 01　在微信的"发现"界面中搜索"飞瓜数据"，点击搜索结果中的"飞瓜数据"，进入如图1-23所示的飞瓜数据小程序首页界面。在界面搜索栏中输入抖音号的名字。这里以搜索"李佳琦"为例进行说明。

步骤 02　搜索完成后，进入搜索结果界面。在该界面中选择对应的抖音号，如图1-24所示。

图 1-23　飞瓜数据小程序首页

图 1-24　选择对应的抖音号

步骤 03 操作完成后,即可进入如图 1-25 所示的"飞瓜数据 - 播主详情"界面,了解该抖音号的相关情况。

步骤 04 抖音运营者向上滑动页面,即可在"粉丝画像"版块中看到"性别年龄分布情况",如图 1-26 所示。除了性别年龄分布之外,还可点击查看地域分布和星座分布的相关情况。

图 1-25　飞瓜数据小程序首页

图 1-26　性别年龄分布情况

1.3　熟悉抖音的主要界面

抖音既具有工具属性,如拍摄和制作短视频功能,又具有社交属性,如分享和关注等。本节主要分析抖音的界面功能,来看看它究竟为何成为年轻人喜欢的 App。

1.3.1 "首页"界面

注册并登录抖音后，首先出现的就是"首页"界面，同时自动播放视频，显示相关的视频信息，如图 1-27 所示。

图 1-27 "首页"界面

点击用户账户下面的"+"按钮，即可关注该用户，点击点赞、评论或分享按钮，即可进行相应的操作。另外，双击视频也可以进行快速点赞，如图 1-28 所示。单击视频界面则可以暂停播放，便于进行截图等操作，如图 1-29 所示。

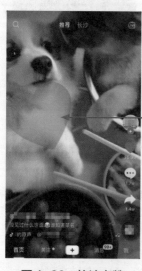

图 1-28 快速点赞

图 1-29 暂停播放

"首页"界面包括"推荐"和"同城"两个模块，"同城"会自动定位用户所在的城市，并推荐附近的优质短视频内容，如图 1-30 所示。在视频封面下方还会显示相应的视频信息、拍摄距离和用户账号等内容。

图 1-30 "同城"界面

抖音热门城市的本地化内容，如图 1-31 所示。点击右侧的字母序列，还可以快速查找该字母拼音开头的城市名称。在"同城"界面中，点击右上角的"切换"按钮，用户还可以切换查看其他城市，便于用户查找。

图 1-31 切换查看其他城市的短视频内容

1.3.2 "关注"界面

"关注"界面主要包括热门直播入口和用户关注的账号短视频动态，其中短视频内容会自动播放，如图 1-32 所示。

图 1-32 "关注"界面

向下滑动屏幕，可以查看更多的关注账号发布的短视频内容，而且还包括点赞、评论、转发、分享以及发布日期等信息。同时，点击视频右下角的播放▶和暂停Ⅱ按钮，可以播放和暂停短视频，如图 1-33 所示。

图 1-33 播放和暂停短视频

1.3.3 "消息"界面

"消息"界面主要包括粉丝、赞、@我的以及评论 4 个主要功能，同时还有游戏助手、抖音助手以及系统消息等功能，如图 1-34 所示。点击"粉丝"按钮进入其界面，可以查看近期关注你的用户信息，如图 1-35 所示。

图 1-34 "消息"界面

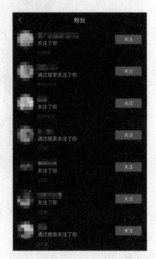
图 1-35 "粉丝"界面

"消息助手"包含"抖音小助手""系统通知"和"直播小助手"3 个部分，点击"抖音小助手"按钮进入其界面，用户可以参加一些抖音的热门话题，获得更多上热门的机会，以及获取更多的点赞，如图 1-36 所示。

图 1-36 "抖音小助手"功能

1.3.4 "我"界面

"我"界面主要包括账号信息设置和作品管理两大功能。"我"界面上方显示了用户的头像、抖音号、简介、标签以及粉丝数量等信息，如图 1-37 所示。

图 1-37 "我"界面

下方则显示了"作品""动态"和"喜欢"等信息，"作品"界面显示了用户拍摄的所有作品列表，"动态"界面则可以预览短视频内容，"喜欢"界面包含了用户收藏的短视频内容，如图 1-38 所示。

图 1-38 "作品""动态"和"喜欢"界面

1.4 抖音运营的注意事项

面对火爆的抖音，普通用户应如何正确地去做好运营，甚至让它为我们带来一笔不菲的收入呢？抖音运营非常需要讲究方法和技巧，本节将介绍抖音运营的一些技巧和相关的注意事项。

1.4.1 遵守抖音平台的规则

对于运营抖音自媒体的人来说，做原创才是最长久、最靠谱的一件事情。在互联网上，想借助平台成功实现变现，一定要做到两点：遵守平台规则和迎合用户的喜好。下面重点介绍抖音的一些平台规则。

(1) 不建议做低级搬运。例如，带有其他平台特点和图案的作品，抖音平台对这些低级搬运的作品会直接封号或者不给予推荐，因此不建议大家做。

(2) 视频必须清晰无广告。

(3) 视频推荐算法机制要了解。首先，给你推荐一批人，比如先给 100 个人看你的视频，这 100 个人就是一个流量池。假如这 100 个人观看视频之后，反馈比较好，有 80 人完全看完了，有 30 个人给你点赞，有 10 个人发布了评论，系统则会默认你的视频是一个非常受欢迎的视频，因此会再次将视频推荐到下一个流量池。

比如第二次推荐给 1000 人，然后再重复该过程，这也是我们经常看到一个热门视频连续好几天都能刷到首页的原因。当然，如果第一批流量池的 100 个人反馈不好，这个视频自然也得不到后续的好的推荐了。

(4) 账号权重。笔者之前分析了很多账号，发现那些上热门的抖音普通玩家有一个共同的特点，那就是给别人的作品点赞很多，最少的都上百了。这是一种模仿正常用户的玩法，如果上来就直接发视频，系统可能会判断你的账号是一个营销广告号或者小号，并审核屏蔽等。具体提高权重的方法如下。

- 使用头条号登录。用 QQ 登录今日头条 App，然后在抖音的登录界面选择今日头条登录即可。因为抖音是今日头条旗下的产品，通过头条号登录，会潜在地增加账号权重。
- 采取正常用户行为。多给热门作品点赞、评论和转发，选择粉丝越多的账号效果越好。如果想运营好一个抖音号，至少前 5 ～ 7 天不要发作品，而是在空闲的时候去刷一下别人的视频，然后多关注和点赞，哪怕后期再取消关注，你也要多做这些工作，让系统觉得你是一个正常的账号。

1.4.2 不要随意删除短视频

很多短视频都是在发布了一周甚至一个月以后，才突然开始火爆起来的。这给笔者一个很大的感悟，那就是抖音上其实人人都是平等的，唯一不平等的就是内容的质量。你的抖音账号是否能够快速冲上一百万粉丝，是否能够快速吸引目标用户的眼球，最核心的点还是在内容。

所以，笔者很强调一个核心词，叫"时间性"。因为很多人在运营抖音时有个不好的习惯，那就是当他发现某个视频的整体数据很差时，就会把这个视频删除。笔者建议大家千万不要去删除你之前发布的视频，尤其是你的账号还处在稳定成长的时候，删除作品对账号有很大的影响。

删除作品可能会减少你上热门的机会，减少内容被再次推荐的可能性，而且过往的权重也会受到影响。本来你的账号已经运营维护得很好了，内容已经能够很稳定地得到推荐，此时把之前的视频删除，可能会影响到你当下已经拥有的整体数据。

这就是"时间性"的表现，那些默默无闻的作品，可能过一段时间又能够得到一个流量扶持或曝光，因此我们千万不能做的就是把作品删除。当然，如果你觉得删除视频没有多大影响，你可以尝试一下，但根据我们之前实操发现，账号的数据会明显有很大的波动。

1.4.3 选择合适的发布时间

在发布抖音短视频时，笔者建议大家的发布频率是一周至少 2 ~ 3 条，然后进行精细化运营，保持视频的活跃度，让每一条视频都尽可能上热门。至于发布的时间，为了让你的作品被更多的人看到，火得更快，一定要选择在抖音粉丝在线人数多的时候。

据统计，饭前和睡前是抖音用户最多的时间段，有 62% 的用户会在这段时间内看抖音；10.9% 的用户会在碎片化时间看抖音，如上卫生间或者在上班路上。而睡前和周末、节假日这些时间段，抖音的用户活跃度非常高。笔者建议大家将发布时间最好控制在以下 3 个时间段，具体如下。

(1) 周五的 18 点 ~ 24 点。

(2) 周末两天（星期六和星期天）。

(3) 其他工作日的 18 点 ~ 20 点。

同样的作品在不同的时间段发布，效果肯定是不一样的，因为流量高峰期人多，作品就有可能被更多人看到。如果用户一次性录制了几个视频，千万不要同时发布，每个视频发布时间至少要间隔一个小时。

另外，发布时间还需要结合自己的目标客户群体的时间，因为职业的不同、工作性质的不同、行业细分的不同以及内容属性的不同，发布的时间节点也都有所差别，所以用户要结合内容属性和目标人群，选择一个最佳的时间点发布内容。再次提醒，最核心的一点就是在人多的时候发布，这样得到的曝光和推荐会大很多。

1.4.4 注重团队力量的发挥

随着"无边界时代"的到来，短视频会越来越火爆，目前正是团队或者企业进入整个短视频领域的火爆期。

当然，一个人做好短视频也是可以的。很多达人都是自己一个人在那儿自拍，如拍一些自己唱歌跳舞的视频，就能积累上百万的粉丝。甚至有一些达人，自己一个人在家里面，或者在办公室，或者自己就在沙发上坐着，然后拍摄一些短视频，就能够火爆，这是一个人的做法。不过，这种情况毕竟是少数。

任何一个平台从一开始到中期再到后期，入驻的作者都是越来越优秀的。所以，在当下这种情况做抖音运营，笔者认为团队入驻是最好的，你可以建立一个6～7个人的专业团队，每天只生产一条15秒的短视频。在这样一种高质量、高背景、高强度以及高专业的情况下，生产出来的内容会更加受欢迎。

因为现在大家都用碎片化的时间来观看，如果是几分钟的视频，有很多人不一定愿意看完，但如果说是15秒的短视频，那就有很多人愿意看完。然后，如果说你的视频虽然只有15秒，但没有给用户呈现出你要表达的效果，那么用户可能看到6秒、7秒或者10秒的时候就退出了，这样对于团队创作的信心还是有较大打击的。

这里主要是强调有团队的自媒体运营者或相关企业，应尽快开始做抖音短视频运营。因为在团队的协作下，只要舍得投入金钱和精力，不管是涨粉，还是整个运营策略，都能够更快速地得到发展。

当然，在创建抖音团队时，高效率是大家共同追求的目标，我们可以使用5P要素来帮助自己打造一个拥有高效率特征的抖音团队，具体方法如下。

(1) 团队目标：抖音团队要制定一个运营目标，而且这个目标还必须简单、明确和统一，然后大家通过共同努力来实现这个目标。

(2) 团队成员：人是团队中不可缺少的元素，各种事项都需要人来完成，没有人什么都做不了。同时，要选择合适的团队成员，组建一支高效的抖音团队。

(3) 团队定位：将抖音团队放在企业的什么位置，选择谁作为团队领导者，以及各个团队成员的任务安排等，都必须做好明确的定位。

(4) 权限分配：分配好团队成员的管理权限，如信息决定权、营销计划决定权、人事决定权等。

(5) 制定计划：计划就是完成目标的具体工作程序，团队必须制定一系列具体行动方案，所有的团队成员需要严格按计划进行操作，一步步贴近并实现目标。

其中，抖音团队的主要成员包括导演、编剧、演员、摄影师、剪辑师等。其中，演员是最重要的角色，尤其是真人出镜的短视频内容，演员一定要有很好的表演能力或者好的颜值，这些是吸引用户持续关注的必要条件。

抖音团队的主要工作包括选择主题、策划剧本、拍摄剪辑、特效制作和发布维护等。总之，只要你的产品有一定的传播性，有更好的创意，有团队能够把它拍摄出来，则都能够上抖音，都能够有机会火爆。

1.4.5 分析相关数据做好复盘

用户在运营抖音时，一定要掌握相关技巧。运营不仅仅是录视频和配上背景音乐、发布之后就完成任务了。抖音自媒体同样也要学会数据的分析。下面重点介绍两个数据比例。记住这两个比例，对于你后期的短视频运营和优化有很大的帮助。

(1) 第一个是 10 ：1。你的视频如果有 10 个赞，就应该会增加一个粉丝。

(2) 第二个是 100 ：5。就是 100 个播放量会产生 5 个赞，这应该算是一个中等水平的数据，当然很多"网红"相对来说比例可能会高一点，可能是 100 个播放量就有 10 个赞甚至更多。例如，如图 1-39 所示，这个视频的播放量是 1000，按照正常比例来说应该至少有 50 个赞，但实际点赞数只有 23 个，也就是看的人较多，但喜欢的人不多。那么我们就可以判定这个视频内容需要进行优化，来提升点赞量。

图 1-39 该视频的点赞量不正常

要想成为抖音平台上的达人，除了做好过程的运营外，在分析相关数据的基础上进行复盘也是必不可少的工作。复盘不是简单的总结，而是对你过去所做的全部工作进行深度的思维演练。抖音运营复盘的作用主要体现在 4 个方面，具体如下。

(1) 了解抖音项目的整体规划和进度。

(2) 看到自身的不足、用户的喜好、对手的情况等。

（3）能够站在全局的高度和立场，看待整体局势。

（4）找出并剔除失败因素，重现并放大成功因素。

总的来说，抖音的复盘就是分解项目，并在此过程中分析和改进项目出现的各种问题，从而优化最终的落地方案。抖音的运营与项目管理非常相似，成功的运营离不开好的方案指导。只有采用科学的复盘方案，才能保证抖音的运营更加专业化，更容易产生爆款。

对于抖音运营者来说，复盘是一项必须学会的技能，是个人成长最重要的能力，我们要善于通过复盘来将经验转化为能力，具体的操作步骤如下。

（1）回顾目标：目标就好像是一座大厦的地基，如果地基没有建好，那么大厦就会存在很大的隐患，因此不科学的目标可能会导致抖音运营的失败。因此，我们在做抖音运营之前，就需要拟定一个清晰的目标，并不断回顾和改进。

（2）评估结果：复盘的第二个任务就是对比结果，看看是否与当初制定的目标有差异，主要包括刚好完成目标、超额完成目标、未完成目标和添加新目标等4种情况。分析相关的结果和问题，并加以探讨改进。

（3）分析原因：分析原因是复盘的核心环节，包括成功的因素是什么和失败的根本原因是什么。例如，我们发布的短视频为什么没有人关注，或者哪些短视频成功地吸引到大量粉丝点赞等，将这些成败的原因都分析出来。

（4）总结经验：复盘的主要作用就是将运营中的所有经验转化成个人能力，因此最后一步就是总结出有价值的经验，包括得失的体会，以及是否有规律性的东西值得思考，还包括下一步的行动计划。

1.4.6 避开抖音运营的各种坑

在短视频领域，渠道运营是非常重要的工作。做短视频渠道运营的过程中，有两块内容我们一定要知道：第一部分是渠道的规则，第二部分是运营的误区。

短视频运营的工作比较复杂，不仅仅要懂内容，还要懂得渠道、能做互动。但内容团队往往没有充足的预算配备完善的运营团队，所以导致运营者会接手很多方面的工作内容，一不小心就会陷入工作误区，抓不住工作重点。下面给大家介绍一下最常见的6个抖音运营误区。

1. 过度把精力放在后台

第一个误区就是把精力过度放在后台的使用。很多短视频运营者都是从公众号运营转过来的，在做公众号运营的时候，发布内容之前会先发预览，成功发布之后也会第一时间去浏览，在这些场景中我们都是用户身份。

但是在做短视频运营的时候，我们往往只注重后台操作，发行之后也不去每个渠道看，这样的做法是非常不对的。因为每个渠道的产品逻辑都不同，如果不注重前台的使用，就无法真正了解这个渠道的用户行为。

2. 不与用户做互动

第二个误区是不与用户做互动。这点很好理解，一般给你内容评论的都是渠道中相对活跃的用户，及时有效的互动有助于吸引用户的关注，而且渠道方也希望创作者可以带动平台的用户活跃起来。

当然，运营者不用每一条评论都去回复，可以筛选一些有想法、有意思或者有价值的评论来回复和互动，如图 1-40 所示。其实，很多运营者不是不知道互动的重要性，更多的是因为精力有限，没有时间去实践，还有的就是因为懒。

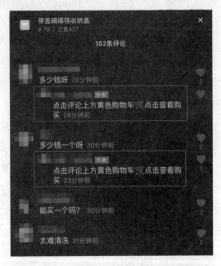

图 1-40　多在评论区与用户进行互动

3. 运营渠道单一

第三个误区是运营的渠道非常单一。建议大家进行多渠道运营，因为多渠道运营会帮助你发现更多的机会，而且很多渠道可能会在不经意间产生爆款，也能增加一些小惊喜。

4. 不管不顾硬追热点

追热点其实是值得推荐的，但是要把握好度，内容上不能超出自己的领域，如果热点与自己的领域和创作风格不统一，千万不能硬追热点。

这点可以在抖音上得到验证。往往一个抖音视频火爆了，但作者很难长期留住带来的粉丝。这是因为很多 UGC 的创作者更多的是去抄袭而不是原创，这样很难持续产出风格统一的作品，就算偶然间产出了一两个爆款，也无法黏住粉丝。

比如，有一位南宁的小伙因为长相酷似明星罗志祥，就被称为"南宁罗志祥"。正是因为长相原因，这位"南宁罗志祥"快速在抖音刷屏，俨然成为抖音的一大流量。在看到"南宁罗志祥"火了之后，许多人纷纷前去与其合照、拍视频，如图1-41所示。

很显然，这些人的做法就是在追热点。只是其中很多人的业务范围跟"南宁罗志祥"毫无关系，却为了获得更多的流量，不惜跋涉千里去到南宁，这显然就有些硬追热点了。

图1-41　部分人与"南宁罗志祥"合照、拍视频

5. 从不做数据分析

这个误区就是我们老生常谈的数据分析了，这是一个需要长期进行的事情。数据可以暴露一些纯粹的问题，比如账号在所有渠道的整体播放量下滑，那么肯定是哪里出了问题；如果只是某个渠道突然下滑，那么就要看是不是这个渠道的政策有了调整。不管是主观原因还是客观原因，我们都要第一时间排查。

除了监控之外，数据分析还可以指导我们的运营策略，比如分析受众的活跃时间点、竞争对手的活跃时间点等。

6. 内容与目标相关性弱

我们在运营抖音的过程中，一定要明确自己的目标，拍摄的视频一定要为目标服务，视频内容一定要与目标具有相关性。对于抖商来说，运营抖音的直接目的就是通过视频营销增加商品的销量，从而赚到更多钱。基于这一点，在视频中应将营销作为重点，而不应该去做一些其他的事，否则将很难达到预期的效果。

如图1-42所示为某抖音运营者拍摄的一个视频，可以看到该视频获得了4

万点赞,留言和分享也超过了 1000。按理来说,视频中的同款商品销量应该不会太差。结果点击视频中的商品链接一看,月销量竟然为零。

之所以会出现这样的情况,主要就是因为该视频中的运营者主要是展示模特自身的性感、漂亮,却没对商品进行必要的营销。如果不是看到视频中插入了商品链接,许多人可能会认为这就是一个自拍视频。很显然这样的视频内容与所要达到的目标之间的相关性是比较弱的。

图 1-42　内容与目标相关性弱导致营销效果差

第 2 章

爆款视频：上热门就这么简单

学前提示

抖音用户喜欢刷推荐页的内容，在刷到有趣的视频之后，可能会进行关注。他们会关注很多人，但很少会专门去看这些抖音号的新视频。所以，我们只有让短视频上热门，才有可能被更多人看到。

本章主要介绍抖音短视频的制作流程和技巧，以及抖音短视频上热门的基本要求和使用技巧，帮助大家快速完成抖音短视频的拍摄，打造出更多爆款短视频。

要点展示

- 熟知抖音短视频的制作流程
- 掌握抖音短视频的拍摄技巧
- 抖音短视频上热门的基本要求
- 抖音短视频上热门的实用技巧

2.1 熟知抖音短视频的制作流程

很多人制作短视频都是直接使用手机拍摄，但是有的人拍摄效果好，有的人拍摄出来效果却不甚理想。如果想在抖音中快速制作出高质量的短视频，应该怎么操作呢？下面将介绍抖音短视频的基本制作流程。

2.1.1 拍摄前的构思和准备

抖音短视频可能只要短短的十几秒，但是，要想拍好这十几秒视频却不是一件容易的事。抖音短视频的拍摄是一个系统工程，要想快速拍出高质量的短视频，首先得在拍摄之前做好构思和准备。具体来说，拍摄抖音短视频需要做好如下 5 个方面的准备工作。

1. 内容准备

每个短视频都应该有一个相对明确的主题，让受众知道你要表达的是什么。而要做好这一点，在拍摄之前对内容进行一番构思、进行内容的准备就很有必要了。当然，在做内容准备时，可以尽可能地细化，将每个镜头的内容进行规划，这样在正式拍摄时就会有的放矢。

2. 人员准备

拍摄一则短视频，有时可能会涉及出镜人员、摄影师、场务、化妆师等，相关人员的数量可能会比较多。因此，在拍摄之前应该做好人员准备，将各部分的人员确定下来。

3. 道具准备

对于一些需要道具（包括服装）的短视频来说，一定要在拍摄之前准备好相关的道具（包括服装）。这一方面可以保证视频的拍摄工作能正常进行；另一方面也能让视频的呈现效果更好地符合预期的想法。

4. 场景准备

部分短视频的拍摄对于场景有一定的要求，只有在特定场景中才能拍出应有的效果。对于这部分短视频，就需要先选定拍摄地点，并对场景的布置进行一些规划。

5. 时间准备

因为短视频拍摄涉及的人员可能比较多，为了保证拍摄工作高质量地完成，要选在相关人员都空闲的时间。部分视频对于拍摄的天气有一定的要求，符合要求的天气可能只在某个时间段出现。所以，在拍摄短视频之前，进行全盘考虑、选择合适的时间也非常关键。

2.1.2　选择合适的背景音乐

用户要让自己拍摄的短视频在抖音上快速热起来，就需学会"抖"。要"抖"就要有好的配音和配乐。用户可以根据自己的视频风格和主题方向，选择好的背景音乐，让视频长上翅膀。

此时，就需要个人对音乐的理解和对节奏的控制等功力了。抖音的背景音乐和视频需要高度匹配，有节奏感。这里要说一个抖音拍摄的必备技能：听足够多的"网红"歌曲，找更好的灵感。

具体来说，在拍摄抖音短视频时选择背景音乐的相关操作步骤如下。

步骤 01 登录抖音短视频 App，进入"首页"界面，点击界面中的[+]按钮，如图 2-1 所示。

步骤 02 进入抖音短视频拍摄界面，点击上方的"选择音乐"按钮，如图 2-2 所示。

图 2-1　点击[+]按钮

图 2-2　点击"选择音乐"按钮

步骤 03 进入"选择音乐"界面，在该界面中，用户可以使用推荐的音乐，也可以搜索指定的音乐，如图 2-3 所示。下面，笔者以搜索指定音乐为例进行说明。

步骤 04 在搜索栏中输入音乐名称，从搜索结果中选择需要的音乐，如图 2-4 所示。

图 2-3 "选择音乐"界面

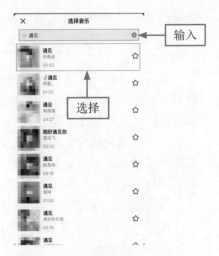

图 2-4 选择需要的音乐

步骤 05 操作完成后,对应音乐后方将出现"使用"按钮。抖音用户如需使用该音乐,只需点击该按钮即可,如图 2-5 所示。

步骤 06 操作完成后,返回抖音短视频拍摄界面。如果此时界面中显示音乐的名称,说明音乐设置成功了,如图 2-6 所示。

图 2-5 点击"使用"按钮

图 2-6 显示音乐名称

2.1.3 拍摄或上传视频内容

抖音上传作品的方式有两种:直接拍摄上传和本地视频上传。下面就以直接拍摄为例对具体操作步骤进行说明。

步骤 01 进入抖音拍摄界面，选择好合适的背景音乐。点击"翻转"按钮，可以切换前后摄像头，通常情况下，除了自拍外，都使用后置摄像头；点击快慢速按钮；设置拍摄速度，如图 2-7 所示。

步骤 02 点击拍摄界面的"滤镜"按钮，进入"滤镜"界面。系统提供了人像、生活、美食和新锐 4 种滤镜类型，用户可以根据需求进行选择，如图 2-8 所示。

图 2-7　设置拍摄速度

图 2-8　选择滤镜

步骤 03 "美化"效果主要针对人物进行调整。点击"美化"按钮进入其界面，可以调整磨皮、瘦脸、大眼、口红和腮红这 5 个选项，通常拍摄人物时使用，拖动拉杆即可调整美颜效果，如图 2-9 所示。

步骤 04 在拍摄界面点击"倒计时"按钮，可以编辑拍摄时间。拖动右侧的拉杆可以设置暂停位置，如图 2-10 所示。

图 2-9　"美化"设置界面

图 2-10　"倒计时"设置界面

步骤 05 拍摄方式有"拍照""点击拍摄"和"长按拍摄"3 种类型。"拍照"主要用来拍摄照片，"点击拍摄"可以用点击来控制拍摄时长，"长按拍摄"则需要一直按住拍摄按钮，如图 2-11 所示。

步骤 06 通常使用"点击拍摄"即可，点击红色的拍摄按钮后，即可开始拍摄，再次点击可以暂停拍摄，如图 2-12 所示。

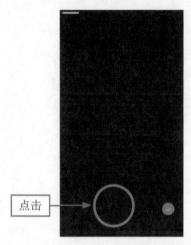

图 2-11 抖音短视频长按拍摄

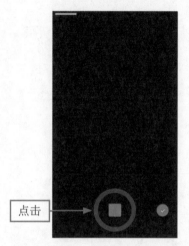

图 2-12 抖音短视频点击拍摄

步骤 07 拍摄完成后，点击右下角的 ✓ 按钮，进入短视频后期处理界面，在此可以剪辑音乐、处理声音、选择配乐和封面、添加特效和滤镜，如图 2-13 所示。

步骤 08 点击短视频后期处理界面中的"下一步"按钮，即可进入如图 2-14 所示的"发布"界面。而此时，视频的拍摄和上传便完成了。

图 2-13 抖音短视频后期处理界面

图 2-14 "发布"界面

2.1.4 对视频进行剪辑加工

短视频的后期加工包括剪辑、添加音乐和字幕，以及语音配音等，可以在手机上进行编辑。除了抖音短视频 App 外，用户还可以使用视频剪辑大师、小影、乐秀编辑器、爱剪辑、巧影、火山小视频、美摄、延时摄影 Lapse it 等 App 进行后期加工。

用户拍摄好视频之后，打开相应的 App，点击视频编辑，将所需视频依次选入，然后开始制作。这些后期 App 的大致流程都差不多，基本为"导入视频→进行编辑→开始剪辑→剪辑完成" 4 个部分。

另外，用户也可以通过电脑进行剪辑加工，如会声会影、Premiere、Final Cut Pro 和 EDIUS 等都是不错的视频处理软件。用户可以将手机上拍摄的视频导入电脑，对需要的内容进行剪辑，而且还可以进行添加配乐、配音或添加字幕等操作。

以抖音短视频 App 为例，上传视频后，在底部的时间轴中拖动两侧的拉杆，可以选择开始位置和结束位置，对视频进行剪辑操作，如图 2-15 所示。剪辑完成后，点击"下一步"按钮，进入视频后期处理界面。

除了视频，用户还可以对音频进行剪辑。具体操作为在短视频编辑界面选择"配乐"按钮，如图 2-16 所示。

图 2-15　剪辑视频　　　　　　图 2-16　点击"配乐"按钮

操作完成后，界面中将弹出如图 2-17 所示的对话框。在对话框中选择合适的配乐，点击▲按钮。随后，进入音频剪辑界面，用户只需在下方左右拖动声谱便可以剪取音乐范围，如图 2-18 所示。

图 2-17　点击 按钮

图 2-18　剪取音乐范围

2.1.5　进行视频的发布分享

当视频拍摄和加工完成后，就可以发布和分享了。进入"发布"界面，如图 2-19 所示。首先设置"标题"，使用合适的话题可以让更多人看到你的作品。

标题引导语很重要，发布内容引导语的时候一定要动脑筋，多看一些爆款作品的标题是怎么写的。另外，还可以在标题中添加话题，借助热门话题来增加短视频的曝光量。

点击"@ 好友"按钮，进入"召唤好友"界面，在文本框中输入好友昵称，或者直接在下方点击好友图像。选择好好友后，返回到"发布"界面，可以在标题栏中看到已经 @ 的好友昵称，发布后即可通知这些好友。

点击"添加位置"按钮，可以设置位置标签，如果不想显示地址，也可以选择"不显示我的位置"来隐藏位置。点击"选封面"按钮可以进入"选封面"界面，选择作为封面的图片；点击 按钮，便可完成封面的设置，如图 2-20 所示。

除此之外，用户还可以点击"谁可以看"按钮设置短视频的推送对象，如果想让所有人看见，建议选择"公开"，如图 2-21 所示。

相关内容设置完成后，只需点击"发布"界面的"发布"按钮，便可完成短视频的发布。与此同时，在抖音个人主页中，作品的数量将增加一个，并且在"作品"栏中将显示刚刚发布的短视频，如图 2-22 所示。

这里强调一下，有的抖音内容可能只有短短的 15 秒时间，因此我们一定要把能优化的所有内容都尽量优化到位。同时，在发布内容的时候，不得含有违规的不良词语和图像等内容出现，以免系统审核不能通过。

图 2-19　"发布"界面

图 2-20　"选封面"界面

图 2-21　"谁可以看"界面

图 2-22　显示发布的作品

2.2　掌握抖音短视频的拍摄技巧

抖音的很多功能与小咖秀类似，但不同的是，抖音用户可以通过视频拍摄的快慢、视频编辑和特效等技术让作品更具创造性，而不是简单地对嘴型。下面介绍抖音短视频的 5 个拍摄技巧，帮助用户方便、快捷地制作出更加优质的短视频内容。

2.2.1　设置合适的速度

用户在使用抖音拍摄过程中，不仅可以选择滤镜和美颜等，还可以自主调节拍摄速度。其中，快慢速度调整和分段拍摄是抖音最大的特点，利用好这两个功能就能拍出很多酷炫的短视频效果。

快慢速度调整就是调整音乐和视频的匹配。如果选择"快"或者"极快"，拍摄的时候音乐就会放慢，相应的视频成品中的画面就会加快。反之，如果选择"慢"或者"极慢"，拍摄时的音乐就会加快，成品中的画面就会放慢。

快慢速度调整功能有助于创作者找准节奏，一方面，可以根据自己的节奏做对应的舞蹈和剪辑创作，会使拍摄过程更舒服；另一方面，不同的拍摄节奏，也会大大降低内容的同质化，即使是相似的内容，不同的节奏所展现出的效果也是截然不同的。

如果放慢了音乐，你能更清楚地听出音乐的重音，也就更容易卡到节拍。这就降低了用户使用的门槛，让一些没有经过专业训练的人也能轻松卡住节拍。如果加快了音乐，相应地会放慢动作，最后的成品也会有不一样的效果。配合分段拍摄，控制好快慢节奏，也会出不错的效果。

2.2.2　分段拍摄显创意

抖音可以分段拍摄短视频，也就是可以拍一段视频暂停之后再拍下一段，最后拼在一起形成一个完整的视频。只要两个场景的过渡转场做得足够好，最后视频的效果就会很酷炫。

分段拍摄实际上就是进行镜头切换的一种方法，而一段视频要想拍出创意，镜头的切换显然是非常关键的。当然，要想让镜头的装换效果足够有创意，还需要拍摄者对视频的拍摄进行一番探索。

2.2.3　利用合拍蹭热度

"合拍"是抖音短视频 App 的一种有趣的新玩法，如"黑脸吃西瓜合拍""瞪猫的合拍""西瓜妹合拍"以及"记者拍摄合拍"等，出现了不少的爆款作品。利用合拍功能拍摄照片的操作步骤非常简单，具体如下。

步骤 01　在抖音短视频中选择需要合拍的热门短视频，点击视频播放界面中的 按钮，如图 2-23 所示。

步骤 02　弹出私信分享对话框。点击对话框中的"合拍"按钮，如图 2-24 所示。

点击

图 2-23　点击按钮

点击

图 2-24　点击"合拍"按钮

步骤 03　操作完成后，手机屏幕将分成左右两部分显示。右边显示的是热门视频的播放界面，而左侧则是手机镜头拍摄的画面，如图 2-25 所示。

步骤 04　用户只需点击视频拍摄界面的"拍视频"按钮，便可进行视频合拍操作，如图 2-26 所示。

点击

图 2-25　手机屏幕分两部分显示

图 2-26　开始合拍视频

2.2.4　防止抖动对好焦

手抖是很多视频拍摄者的致命伤，在拍摄视频时，千万注意手不能抖，要时刻保持正确的对焦，这样才能拍摄出清晰的视频效果。为了防止抖动，用户可以将手机放在支架上或者靠在某个东西上，必要时可以使用自拍杆，如图 2-27 所示。

图 2-27　使用自拍杆稳定手机

2.2.5　用柔光增强美感

拍摄短视频时，光线十分重要，好的光线布局可以有效提高画面质量。尤其是在拍摄人像时多用柔光，会增强画面美感，可避免明显的暗影和曝光。如果光线不清晰，可以手动打光，将灯光打在人物的脸上（或用反光板调节）。同时，用户还可以用光线进行艺术创作，比如用逆光营造出缥缈、神秘的艺术氛围。

在光线不好的地方，或是晚上昏暗的时候，用带滤镜的 App 拍照，画面非常模糊，此时可以开启闪光灯功能拍摄。

2.3　抖音短视频上热门的基本要求

对于上热门，抖音官方做了一些基本要求，这是大家必须知道的基本原则，本节将介绍具体的内容。

2.3.1　内容是原创的

抖音上热门的第一个要求就是：视频必须为个人原创。很多人开始做抖音之后，不知道拍摄什么内容。其实内容的选择没那么难，可以从以下几方面入手。

- 可以记录你生活中的趣事。
- 可以学习热门的舞蹈、手势舞等。
- 配表情系列，利用丰富的表情和肢体语言来表达。
- 旅行记录，将你所看到的美景通过视频展现出来。

另外，我们也可以换位思考：如果我是粉丝，希望看什么内容？即使不换位思考，也可以回顾：我们在看抖音的时候，爱看什么内容？搞笑的肯定是受欢迎的；如果一个人拍的内容特别有意思，用户绝对会点赞和转发；还有情感的、励志的、"鸡汤"的等，如果内容能够引起用户的共鸣，那用户也会愿意关注。

上面的这些内容属于广泛关注的，还有细分的。例如，某个用户正好需要买车，那么关于鉴别车辆好坏的视频就成为他关注的内容了；再例如，某人比较胖，想减肥，那么减肥类的内容他也会特别关注。所以，这就是我们受关注的方向，同样也是创作者应该把握的原创方向。看自己选择什么领域，那就做这个领域人群关注的内容。

2.3.2　视频是完整的

在创作短视频时，虽然只有 15 秒，也一定要保证视频时长和内容完整度。视频短于 7 秒是很难被推荐的。保证视频时长才能保证视频的基本可看性，内容演绎得完整才有机会上推荐。如果你的内容卡在一半就结束了，用户看到会很难受。

为了保证发布的内容是完整的，抖音用户可以重点做好两个方面的工作：一是通过前期策划，对需要拍摄的内容进行合理的规划；二是同样的内容可以多拍几条，从中选择相对完整的。

2.3.3　视频没有水印

抖音中的热门视频不能带有其他 App 水印，而且不能使用不属于抖音的贴纸和特效，这样的视频可以发布，但不会被平台推荐。

抖音用户在上传短视频的过程中，一定要先检查内容，如果发现有水印，可以通过相关软件去除水印之后再上传短视频。

2.3.4　吸引人的内容

即使是抖音这样追求颜值和拍摄质量的平台，内容也永远是最重要的，因为只有吸引人的内容，才能让人有观看、点赞和评论的欲望。想要上热门，肯定是要有好的作品质量，视频清晰度也要高。

抖音短视频吸引粉丝是个漫长的过程，所以抖音用户要循序渐进地推出高质量的视频，学会维持和粉丝的亲密度。多学习一些比较火的视频拍摄手法及选材，相信通过个人的努力，你也能拍摄出火爆的抖音视频。

2.4　抖音短视频上热门的实用技巧

从 2017 年下半年到 2019 年上半年，在不到两年的时间里，抖音完成了自己的进化，从最初以运镜、舞蹈为主的短视频内容，到如今的旅行、美食、正能量、萌宠、搞笑以及创意等多元化的短视频内容。

虽然每天都有成千上万的"豆芽"（指抖音的用户）将自己精心制作的视频上传到抖音平台上，但被标记为精选和上了热门的视频却寥寥无几。到底什么样的视频可以被推荐？本节将介绍抖音短视频上热门的技巧。

2.4.1　让受众感受到正能量

何谓正能量？根据百度百科的解释："正能量"指的是一种健康乐观、积极向上的动力和情感，是社会生活中积极向上的行为。在 2018 年的 3 月 19 日，抖音召开品牌发布会，同步宣布了"美好生活"计划，将围绕"记录美好生活"这一主题，包括 DOU 计划、美好挑战计划、社会责任计划 3 部分。将"美好计划"作为抖音的核心关键词，为用户在抖音营造更多的美好幸福感。

抖音产品负责人王晓蔚表示，短视频本身有很强的示范作用，所以抖音希望能在日常的运营外，专门拿出一些流量来引导用户参与、传播关于美好生活的正能量挑战。

在了解完抖音平台对于正能量的定位之后，我们来具体看看视频案例，进一步了解什么才算得上是正能量短视频。

1. 好人好事

好人好事的范畴很大。帮扶弱势群体，在恶劣环境中坚守岗位的部队官兵和公安干警，在山区几十年如一日的人民教师等，传统意义上的好人好事，在抖音平台都可以展现出来。

在抖音平台上，那些弘扬正气、传播正能量的内容是特别容易火的，因为人人都有当英雄的梦，别人帮我们当了，我们肯定会拍手叫好。那些惩治小人、打掉恶势力、还弱者公道的视频，看了就非常解气，很容易引起用户的点赞和转发。

拍摄包含正能量的视频，比如给环卫工人送水、看望孤寡老人、关爱弱势群体等，如图 2-28 所示。这类正能量视频往往能触及人内心柔弱的部分，引起人共鸣，吸引人关注点赞。但是拍摄一定要真实，不要刻意为了博人眼球而拍摄。

图 2-28　弘扬正能量的短视频

2. 文化内容

书法、乐器、武术等内容，一直在抖音上都有很强的号召力，如果你有一技之长，完全可以通过短视频的方式展现出来，如图 2-29 所示。

图 2-29　展示文化内容的短视频

3. 拼搏进取的奋斗主题

第三个是大类型，跟拼搏进取的奋斗主题相关的都可以算进去。抖音在两会期间曾发起了《奋斗吧！我的青春》挑战，号召抖音通过短视频展现出自己的青春奋斗故事。三天内，就有超过 10 万名用户参与了挑战，不少用户通过晒照片、录视频的方式，分享了自己，甚至父辈的奋斗历程。

这里要注意的是"正能量"跟"美好生活"概念的差别。本质上，前者属于后者的范畴，但是不是所有"美好生活"的内容都能算上"正能量"。

例如，一只可爱的小猫，算是"美好生活"的范畴，但是不算"正能量"。但是，如果视频内容是这只小猫在大雪中等待主人归来，它被赋予这样的精神内核，那么也算得上是"正能量"视频了。

2.4.2 发现生活当中的美好

生活中处处充满美好，缺少的只是发现的眼睛。用心记录生活，生活也会时时回馈给你惊喜。下面我们来看看这些抖音上的达人是如何拍摄平凡的生活片段来赢得大量粉丝关注的。

有时候我们在不经意之间可能会发现一些平时看不到的东西，此时这些新奇的事物便有可能会显得非常美好。例如，一名女子发现了一种能够吹出泡泡的叶子。吹泡泡本身就是十分美好的事，再加上这是一种新奇的发现。因此，许多抖音用户在看到该短视频之后纷纷点赞，如图 2-30 所示。

图 2-30　发现能吹出泡泡的叶子

生活当中的美好涵盖的面非常广，一些简单的快乐也属于此类。例如，在如图 2-31 所示的视频中，便是通过分享冰棍这种孩子们之间简单的快乐，来呈现生活当中美好的一面的。

图 2-31 孩子们之间分享的简单快乐

2.4.3 融入个人的独特创意

俗话说"台上十分钟，台下十年功"，抖音上有创意和脚踏实地的短视频内容从不缺少粉丝的点赞和喜爱。

例如，一名男子因为拔火罐弄得背上全是印子，原本这会看上去有些恐怖。但是，小外甥女用自己的创意在火罐印的基础上画出了许多可爱的动物，恐怖瞬间便被可爱代替了。而许多抖音用户在看到该视频之后，也因为视频中小外甥女的创意纷纷点赞，如图 2-32 所示。

图 2-32 展示创意绘画

抖音短视频电商运营从入门到精通

抖音短视频运营者也可以结合自身优势，打造出视频创意。例如，一名擅长雕工的运营者，拍摄了一条展示西瓜雕刻作品的短视频。抖音用户在看到该短视频之后，因其独特的创意和高超的技艺而纷纷点赞，如图 2-33 所示。

图 2-33　展示西瓜雕刻作品

除了展示各种技艺之外，抖音运营者还可以通过一些奇思妙想打造生活小妙招。例如，一位抖音运营者通过展示瓶盖的多种妙用，获得了超过 150 万点赞，如图 2-34 所示。

图 2-34　展示瓶盖的妙用

创意类内容包含一些"脑洞"大开的段子、恶搞视频、日常生活中的创意等，出其不意的反转格外吸睛，即使是相似的内容也能找到不同的笑点。

专家提醒

用户产生点赞的行为通常有两个出发点，一种是对视频内容的高度认可和喜欢，另外一种是害怕以后再也刷不到这条视频，所以要进行收藏。搞笑视频则更偏向于前者，分享门槛低，可以说是最容易激起转发欲望的一种视频类型了。

2.4.4 用反转剧情增加趣味

拍摄抖音视频时，出人意料的结局反转往往能让人眼前一亮。在拍摄时要打破常规惯性思维，使用户在看开头时猜不透结局的动向。当看到最终结果时，便会豁然开朗，忍不住为其点赞。

请假不批是困扰许多白领的一个问题，那么这个问题要怎么解决？一位抖音运营者就此拍摄了相关的短视频。视频中，领导拒绝一位女员工的请假要求，女员工说："你不要太过分了。"就在大家以为女员工要发怒时，没想到这位女员工却一本正经地对着领导一顿夸奖。结果领导很受用，给她批了假，如图2-35所示。

图2-35 跟领导请假的反转视频

因为许多女性是购物狂，所以关于是不是要让女性节制消费的问题一直备受关注，一位抖音运营者便结合该问题推出了一条短视频。视频中一名男子在家里打扫卫生时询问妻子在做什么。在得知妻子在购物时，也顾不得身上还穿着围裙，便朝着妻子狂奔而去。到了妻子购物的店铺之后，男子喊停了正要刷卡付账的妻子。就在大家以为他会夺过妻子手中的银行卡离去之际，却没想到他对着收银员说了一声："刷我的。"看到这里之后，大家纷纷为他的宠妻行为而点赞，如图 2-36 所示。

图 2-36　刷卡付账的反转视频

如果我们仔细研究一下，可以看到很多爆款视频开头前 3 秒的内容基本都是经过精心设计的。比如，在抖音上疯狂吸粉的"七舅姥爷"，在最后 5 秒之内是一定有反转的剧情。

2.4.5　紧跟官方的热门话题

很多用户参加抖音上的挑战赛，"热梗"也玩了不少，视频都是原创，制作还很用心，但为什么就是得不到系统推荐，点赞数也特别少？

一条视频想要在抖音上火起来，除"天时、地利、人和"以外，还有两条最重要的"秘籍"：一是要有足够吸引人的全新创意，二是内容的丰富性。要做到这两点，最简单的方法就是紧抓官方热点话题，这里不仅有丰富的内容形式，而且还有大量的新创意玩法。

抖音上每天都会有不同的挑战，用户发视频的时候可以添加一个挑战话题，优秀视频会被推荐到首页，会让用户的视频曝光率更高，也会引来相同爱好者的更多点赞与关注。

那么，抖音运营者要如何紧跟官方的热门话题发布相关的短视频呢？接下来，笔者就来讲解具体的操作步骤。

步骤 ⑴ 登录抖音短视频 App，点击播放界面中的 🔍 按钮，如图 2-37 所示。

步骤 ⑵ 进入抖音发现界面，向上滑动界面之后可以看到"发现精彩"版块，该版块中会向抖音用户展示一些热门话题，如图 2-38 所示。

图 2-37 点击 🔍 按钮

图 2-38 "发现精彩"版块

步骤 ⑶ 选择一个热门话题，点击进入，便可查看该话题的相关视频。如图 2-39 所示为"＃我热变形了"话题的相关界面。

步骤 ⑷ 如果抖音用户要拍摄与该话题相关的短视频，只需点击话题界面的"参与"按钮，并拍摄视频，发布短视频时系统便会自动显示话题的名称，如图 2-40 所示。

步骤 ⑸ 视频发布完成之后，在个人主页的作品一栏中，将出现短视频的相关信息，如图 2-41 所示。

步骤 ⑹ 点击刚刚发布的短视频，如果界面中显示了话题名称，就说明结合热门话题的短视频发布成功了，如图 2-42 所示。

图 2-39 "#我热变形了"话题的相关界面

图 2-40 自动显示话题的名称

图 2-41 个人主页出现发布的作品

图 2-42 视频中显示话题名称

第 3 章

商品分享：开启抖商卖货之旅

学前提示

　　商品分享是抖音电商卖货的一个重要功能，无论是视频卖货，还是直播卖货，商品分享都可以说是必不可缺的一项功能。

　　那么，如何开通和运用好商品分享功能，更好地开启抖商卖货之旅呢？这一章，笔者将重点对这个问题进行解读。

要点展示

- 快速开通抖音商品分享功能
- 借助商品橱窗进行集中分享
- 分享商品开启抖音卖货之路

3.1 快速开通抖音商品分享功能

对于抖商来说，增加商品的销售量才是关键。而通常来说，要增加商品的销售量，便捷的购买方式至关重要。在抖音中，有一个为用户购买商品提供极大便利的功能，这就是商品分享功能。这一节笔者将重点对开通抖音商品分享功能的相关问题进行解读。

3.1.1 什么是商品分享功能

商品分享功能，顾名思义，就是对商品进行分享的一种功能。在抖音平台中，开通商品分享功能之后，便可以在抖音视频、直播和个人主页界面对商品进行分享。并且开通商品分享功能之后，用户还可以拥有自己的"商品橱窗"。

抖音中的商品分享功能相当于是一个超链接，用户可以通过路径的设置，借助商品分享功能，将用户引导至商品购买页面。如果其他抖音用户看到视频和直播，对视频和直播中的商品感兴趣，便会通过商品分享功能快速完成购买。这无疑能够对抖商的店铺销售提升起到极大的促进作用。

抖音短视频 App 中的商品分享功能主要有两种呈现形式，一是文字加购物车的形式；二是图片加文字的小卡片形式，如图 3-1 所示。一般来说，同一个抖音短视频，抖音用户第一次看时，商品分享功能会以第一种方式呈现。而如果抖音用户重复观看短视频，则商品分享功能将以第二种方式呈现。

图 3-1　商品分享功能的呈现方式

3.1.2 开通商品分享功能的步骤

既然商品分享功能这么重要，那么如何在抖音平台开通商品分享功能呢？具体操作步骤如下。

步骤 01 登录抖音短视频 App，点击"设置"界面中"商品分享功能"后方的"立即开通"按钮，如图 3-2 所示。

步骤 02 操作完成后，进入如图 3-3 所示的"商品分享功能申请"界面，点击界面下方的"立即申请"按钮，申请开通商品分享功能。

图 3-2　点击"立即开通"按钮　　　　图 3-3　点击"立即申请"按钮

步骤 03 操作完成后，进入如图 3-4 所示的资料填写界面。在该界面中填写手机号、微信号和所卖商品类目等信息；点击"提交"按钮，如图 3-4 所示。

步骤 04 操作完成后，如果接下来页面中显示"审核中"，就说明商品分享功能申请成功提交了，如图 3-5 所示。

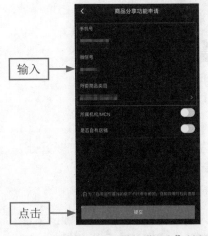

图 3-4　点击"提交"按钮　　　　　图 3-5　提交成功

步骤 ⑤ 提交申请之后，抖音平台会对申请进行审核。如果审核通过了，便可以收到一条来自于购物助手的消息，如图3-6所示。

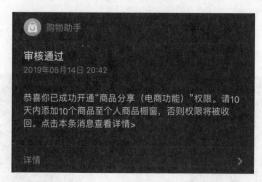

图 3-6　审核通过消息

3.1.3　开通商品分享功能的条件

"商品分享功能申请"界面中，列出了商品分享功能的条件，如图3-7所示。可以看到，开通商品分享功能的抖音账号必须满足两个条件，一是发布的非隐私且审核通过的视频数量超过10个；二是通过了实名认证。当两个条件都满足之后，抖音账号运营者便可申请开通商品分享功能了。

图 3-7　商品分享功能的申请条件

3.1.4　开通商品分享功能的好处

为什么要开通商品分享功能呢？这主要是因为开通该功能之后，有许多好处，其中最直接的好处就是可以拥有个人商品橱窗、能够通过分享商品赚钱。

1. 可以拥有个人商品橱窗

商品分享功能之后，抖音账号便可以拥有个人商品橱窗。个人商品橱窗就像是一个开设在抖音上的店铺，抖音运营者可以对商品橱窗中的商品进行管理，而其他抖音用户则可以点击商品橱窗中的商品进行购买。对于抖音电商运营来说，个人商品橱窗可以说是必须要开通的一个功能。关于个人商品橱窗的相关内容，笔者将在 3.2 小节中重点进行解读，这里就不赘述了。

2. 能够通过分享商品赚钱

在抖音平台中，电商销售商品最直接的一种方式就是通过分享商品链接，为抖音用户提供一个购买的通道。对于抖音运营者来说，无论分享的是自己店铺的东西，还是他人店铺的东西，只要商品卖出去了，就能赚到钱。而要想分享商品，就必须要开通商品分享功能。

3.1.5　商品分享开通后的注意事项

商品分享功能审核通过之后，抖音运营者收到的信息中，除了告知审核通过之外，还会告知商品分享功能开通后 10 天之内，必须在商品橱窗中加入 10 个商品，否则该权限将被收回。

也就是说，抖音运营者开通商品分享用功能之后，必须抓紧时间先在商品橱窗中添加足够多的商品，做好开启抖音电商的准备。如果在限定时间内添加的商品数量达不到要求，抖音运营者要想使用商品分享功能就只能再次进行申请了。

除此之外，商品分享功能开通之后要不时地使用一下，如果超过两个星期未使用商品分享功能，系统将关闭商品橱窗分享。抖音运营者在发布视频时，不能使用其他渠道的视频，或是盗用他人的视频，一经发现会被系统关闭商品分享功能。

3.2　借助商品橱窗进行集中分享

商品分享功能开通成功之后，系统将在抖音账号中提供一个商品橱窗入口。对于抖音电商运营者来说，商品橱窗就是一个集中分享商品的平台。抖音电商运营者一定要运用好商品橱窗功能，积极地引导其他抖音用户进店消费。

3.2.1　什么是抖音商品橱窗

抖音商品橱窗，顾名思义，就是抖音短视频 App 中，用于展示商品的一个界面，或者说是一个集中展示商品的功能。商品分享功能成功开通之后，抖音账号个人主页界面中将出现"商品橱窗"的入口，如图 3-8 所示。

另外，初次使用"抖音橱窗"功能时，系统会要求开通电商功能。其具体操作如下：点击个人主页界面中的"商品橱窗"按钮，进入如图 3-9 所示的"开通电商功能"界面。

图 3-8　出现"商品橱窗"入口

图 3-9　"开通电商功能"界面

向上滑动屏幕，阅读协议的相关内容，确认没有问题之后，点击下方的"我已阅读并同意"按钮，如图 3-10 所示。操作完成之后，如果显示"恭喜你已开通抖音商品推广功能！"，就说明电商功能开通成功了，如图 3-11 所示。

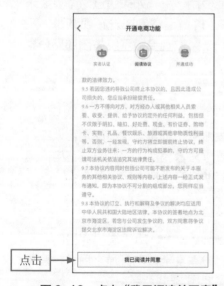

图 3-10　点击"我已阅读并同意"按钮

图 3-11　电商功能开通成功

3.2.2　商品橱窗的商品调整

商品分享功能和电商功能开通之后，抖音账号运营者便可以对商品橱窗的商品进行调整了。通常来说，商品橱窗的商品调整主要可以分为 3 个部分，即添加商品、删除商品和商品分类。接下来，笔者就来分别进行说明。

1. 添加商品

对于电商运营者来说，在商品橱窗中添加商品非常关键，因为添加商品的任务如果 10 天内没有完成，相关权限就会被收回。那么，如何在商品橱窗中添加商品呢？具体操作如下。

步骤 01 登录抖音短视频 App，点击个人主页中的"商品橱窗"按钮，进入"商品橱窗"界面，点击界面中的"橱窗管理"按钮，如图 3-12 所示。

步骤 02 进入"商品橱窗管理"界面，点击左下方的"添加商品"按钮，如图 3-13 所示。

图 3-12 点击"橱窗管理"按钮

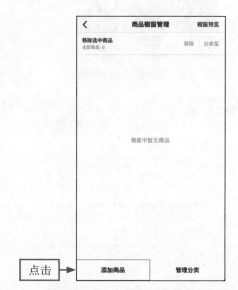

图 3-13 点击"添加商品"按钮

步骤 03 进入"添加商品"界面，在该界面中抖音账号运营者可以通过搜索或添加商品链接的方式，添加商品，如图 3-14 所示。下面笔者就以搜索商品为例进行说明。

步骤 04 在搜索栏中输入商品名称（如"全景摄影"），点击对应商品后方的"加橱窗"按钮，如图 3-15 所示。

步骤 05 进入"编辑商品"界面，在界面中输入商品的相关信息，信息编辑完成后点击"完成编辑"按钮，如图 3-16 所示。

图 3-14 "添加商品"界面

图 3-15 点击"加橱窗"按钮

步骤 06 操作完成后，进入"商品橱窗管理"界面，如果界面中显示"全部商品：1"，并且界面中出现刚刚添加的商品的相关信息，就说明商品添加成功了，如图 3-17 所示。

图 3-16 点击"我已阅读并同意"按钮

图 3-17 商品添加成功

抖音运营者可以根据该方法添加商品，当添加的商品数量达到 10 个时，如果抖音运营者收到一条完成新手任务的消息，就说明添加 10 个商品到商品橱窗的任务完成了，如图 3-18 所示。

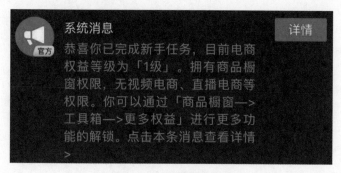

图 3-18　新手任务完成

2. 删除商品

当商品橱窗中的商品没货了，或者觉得商品橱窗中的某些商品不适合再销售时，抖音运营者就需要进行删除商品的操作了。那么，如何删除商品橱窗中的商品呢？具体操作步骤如下。

步骤 01 登录抖音短视频 App，进入"商品橱窗管理"界面，勾选商品；点击上方的"移除"按钮，如图 3-19 所示。

步骤 02 操作完成后，弹出"移除商品"对话框，点击对话框中的"确定"按钮，如图 3-20 所示。

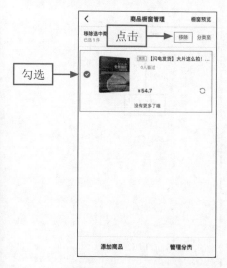

图 3-19　点击"移除"按钮

图 3-20　点击"确定"按钮

步骤 03 操作完成后，进入"商品橱窗管理"界面，如果界面中不再显示刚刚进行移除操作的商品,就说明商品移除成功了,如图 3-21 所示。

图 3-21　商品移除成功

3. 商品分类

当添加的商品比较多时,为了对商品进行有序的管理,抖音运营者可以进行商品分类。在抖音商品橱窗中,商品分类的具体操作如下。

步骤 01 登录抖音短视频 App,进入"商品橱窗管理"界面,点击界面下方的"管理分类"按钮,如图 3-22 所示。

步骤 02 操作完成后,进入"管理分类"界面,点击界面中"未分类"栏,如图 3-23 所示。

图 3-22　点击"管理分类"按钮

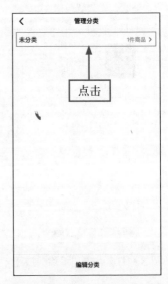

图 3-23　点击"未分类"栏

步骤 03 进入"未分类"界面，勾选需要分类的商品；点击上方的"分类至"按钮，如图 3-24 所示。

步骤 04 进入"分类至"界面，点击界面下方的"新建分类"按钮，如图 3-25 所示。

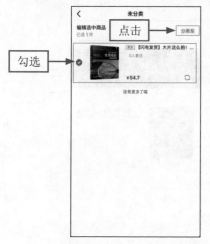

图 3-24 "未分类"界面

图 3-25 点击"新建分类"按钮

步骤 05 操作完成后，界面中将弹出"商品分类"对话框。在对话框中输入商品类别名称，点击"确定"按钮，如图 3-26 所示。

步骤 06 返回"分类至"界面，此时，界面中将显示刚刚输入的商品类别，勾选该类别，点击"完成"按钮，如图 3-27 所示。

图 3-26 "商品分类"对话框

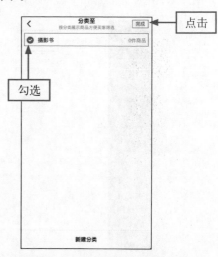

图 3-27 点击"完成"按钮

步骤 07 操作完成后，返回"管理分类"界面，如果该界面中显示了商品的类别，同时该类别中的商品数量增加了一个，就说明商品分类操作成功了，如图 3-28 所示。

商品分类设置完成之后，其他抖音用户便可以进入你的商品橱窗查看商品类别，有针对性地查看自己需要的东西。具体来说，其他抖音用户可以进入你的商品橱窗，点击"分类"按钮，如图 3-29 所示。

图 3-28 商品分类操作成功

图 3-29 点击"分类"按钮

操作完成后，界面右侧将出现"分类"对话框，如图 3-30 所示。其他抖音用户只需点击对应的商品类别，便可以查看该类别的相关商品，如图 3-31 所示。

图 3-30 点击商品类别

图 3-31 查看对应类别的商品

3.2.3 了解电商橱窗禁售类目

抖音电商橱窗禁售的商品主要可以分为 13 个类目，具体内容如图 3-32 ~ 图 3-44 所示。

1. 枪支、弹药、军火及仿制品；
2. 可致使他人暂时失去反抗能力，对他人身体造成重大伤害的管制器具；
3. 枪支、弹药、军火的相关器材、配件、附属品，及仿制品的衍生工艺品等；
4. 安防、警用、军用制服、标志、设备及制品；
5. 管制类刀具、弓弩配件及飞镖等可能用于危害他人身安全的管制器具；

图 3-32 仿真枪、军警用品、危险武器类

1. 易燃、易爆物品，如火药等；
2. 毒品、制毒原料、制毒化学品及致癌性药物；
3. 国家禁止生产、经营、使用的危险化学品；
4. 毒品吸食工具及配件；
5. 介绍制作易燃易爆品方法的相关教程、书籍；
6. 农业部发布的禁用限用类农药；
7. 烟花爆竹和烟花爆竹燃放装置；

图 3-33 易燃易爆、有毒化学品、毒品类

1. 含有反动、破坏国家统一、破坏主权及领土完整、破坏社会稳定，涉及国家机密、扰乱社会秩序，宣扬邪教迷信，宣扬宗教、种族歧视等信息，或法律法规禁止出版发行及销售的书籍、音像制品、视频、文件资料等等；
2. 偷电设备、蹭网卡、蹭网器、拔号器、破网、翻墙软件及VPN代理服务等；
3. 存在扣费项目不明确、恶意扣费、暗设扣费程序等任何损害用户权益的情况，或含有盗号、窃取密码等恶意程序的产品；
4. 不适宜在国内出版发行、销售的涉政书刊及收藏性的涉密书籍、音像制品、视频、文件资料等；
5. 国家禁止的集邮票品以及未经邮政行业管理部门批准制作的集邮品，以及一九四九年之后发行的包含"中华民国"字样的邮品；
6. 带有宗教、种族歧视的相关商品或信息；
7. 反动等含有破坏性信息的产品和服务，如不适宜在国内发行的涉政书刊及收藏性的涉密书籍、音像制品，诈骗网站；

图 3-34 反动等破坏性信息类

1. 含有色情淫秽内容的音像制品及视频、色情陪聊服务、成人网站论坛的账号/邀请码或其他淫秽物品；
2. 可致使他人暂时失去反抗能力、意识模糊的口服或外用的催情类商品及人造处女膜等；
3. 用于传播色情信息的软件、种子文件、网盘资源及图片，含有情色、暴力、低俗内容的音像制品，原味内衣及相关产品，含有未成年人色情内容的图片、写真视频等；
4. 含有情色、暴力、低俗内容的动漫、读物、游戏和图片等；
5. 网络低俗产物；
6. 避孕套、两性用品及周边相关的化妆品服装服饰；

图 3-35 色情低俗、催情用品类

1. 用于监听、窃取隐私、泄露个人私密资料、手机监听器或机密的软件及设备等；
2. 用于非法摄像、录音、取证等用途的设备等；
3. 身份证、护照、社会保障卡等依法可用于身份证明的证件等；
4. 盗取或破解账号密码的软件、工具、教程及产物等；
5. 个人隐私信息及企业内数据，提供个人手机定位、电话清单查询、银行账户查询等服务；
6. 汽车安全带扣等具有交通安全隐患的汽车配件类商品等；
7. 已报废、达到国家强制报废标准、非法拼装或非法所得等国家法律法规明令禁止经营的车辆及其"五大总成"等；
8. 载人航空器、航空配件、模型图纸类商品；

图 3-36 涉及隐私、人身安全类

1. 一、二、三类医疗器械。
2. OTC药品及处方药；
3. 保健品；
4. 医疗服务；
5. 所有用于预防、治疗人体疾病的国产药品；所有用于预防、治疗人体疾病的外国药品；
6. 未经药品监督管理部门批准生产、进口或未经检验出销售的医疗器械；其他用于预防、治疗、诊断人体疾病的医疗器械；
7. 依据《中华人民共和国药品管理法》认定的假药、劣药；
8. 兽药监督专项行政许可的兽药处方药和非处方药目录药品；国家公示查处的兽药；兽药监督管理部门禁止生产、使用的兽药；

图 3-37 药品、医疗器械、保健品类

1. 伪造变造国家机关或特定机构颁发的文件、证书、公章、防伪标签等，非法或仅限国家机关或特定机构方可提供的服务；

2. 抽奖类商品；

3. 尚可使用或用于报销的票据（及服务），尚可使用的外贸单证以及代理报关、清单、商检、单证手续的服务；

4. 未公开发行的国家级正式考试答案，考试替考服务；

5. 代写论文等相关服务；

6. 对消费者进行欺骗性销售诱导、排除或限制消费者合法权益的服务；

7. 汽车类违规代办服务；

8. 网站备案、亲子鉴定、胎儿鉴定等服务；

9. 票、基金、保险、股票、贷款、投资理财、证券等服务；

10. 法律咨询、心理咨询、金融咨询、医疗及健康相关服务；

11. 规避合法出入境流程的商品及服务；

12. 违反公序良俗、封建迷信类的商品及服务；

13. 实际入住人无需经过酒店实名登记便可入住的酒店类商品或服务；

14. 未取得跟团游、出境游、签证等业务相关经营资质的商品及服务；

图 3-38　非法服务、票证类

1. 人体器官、遗体；

2. 国家保护野生动植物；

3. 严重危害人畜安全的动物捕杀设备或配件以及其他动物捕杀工具；

4. 猫狗肉、猫狗皮毛、鱼翅、熊胆及其制品，其他有违公益或对当地生态系统可能造成重大破坏的生物物种及其制品；

5. 人类遗传资源材料；

6. 宠物活体；

补充说明：

* 野生动物：包括国家立法保护的、有益的或者有重要经济、科学研究价值的陆生野生动物、世界国家保护类动物和濒危动物的活体、内脏、任何肢体、皮毛、标本或其他制成品（比如象牙和玳瑁类制品），已灭绝动物与现有国家二级以上保护动物的化石。

* 野生植物：被列入世界国家保护类植物清单的、法律禁止不得销售的植物，或植物产品；国家保护类植物活体（树苗除外）。

图 3-39　动植物、动植物器官及动物捕杀工具类

1. 走私、盗窃、抢劫等非法所得；

2. 赌博用具、考试作弊工具、汽车跑表器材等非法用途工具；

3. 卫星信号收发装置及软件，用于无线电信号屏蔽的仪器或设备；

4. 撬锁工具、开锁服务及其相关教程、书籍等；

5. 一卡多号，有蹭网功能的无线网卡以及描述信息中有告知会员能用于蹭网的设备等；

6. 涉嫌欺诈等非法用途的软件、工具及服务；

7. 可能用于逃避交通管理的商品；

8. 利用电话线路上的直流馈电发光的灯；

9. 群发设备、软件及服务；

10. 外挂软件、作弊软件等不正当竞争工具或服务；

11. 秒杀器以及用于提高秒杀成功概率的相关软件或服务；

12. 涉嫌侵犯其他公司或个人利益的手机破解类商品或服务；

13. 妨害交通安全秩序的产品；

图 3-40　设计盗取等非法所得及非法用途软件、工具或设备类

1. 伪造变造的货币以及印制设备；

2. 正在流通的人民币以及仿制人民币（第四、五套人民币）；

3. 涉嫌违反《中华人民共和国文物保护法》相关规定的文物；

4. 烟草专卖品及烟草制品机械；

5. 依法应当经行政部门批准或备案后销售商品，未经相关行政部门批准或备案；

6. 未取得营业执照或电信网络代理资质销售运营商通讯类产品；

7. 已激活的手机卡、上网卡等违反国家实名制规定的商品；

8. 未经许可发布的奥林匹克运动会、世界博览会、亚洲运动会等特许商品；

9. 国家机关制服及相关配件类商品；

10. 未经授权的国家领导人相关的信息或商品；

11. 军需、国家机关专供、特供等商品；

12. 国家补助或无偿发放的不得私自转让的商品；

13. 大量流通中的外币及外币兑换服务；

14. POS机（包括MPOS）、刷卡器等受理终端；

15. 邮局包裹、EMS专递、快递等物流单据凭证及单号；

16. 内部资料性出版物；

17. 境外出版物代购类商品或服务；

18. 非法传销类商品；

19. 国家明令淘汰或停止销售的书籍类商品；

20. 其他法律法规等规定向文件中禁止销售的商品；

图 3-41　未经允许、违反国家行政法规或不适合交易的商品类

1. 比特币、莱特币、高利贷、私人贷款、贷款推广等互联网虚拟币以及相关商品；

2. 网络游戏、游戏点卡、货币等相关服务类商品；

3. 外挂、私服相关的网游类商品；

4. 游戏点卡或平台卡商品；

5. 网络账户死保账号或存在交易风险的腾讯QQ账号、ITUNES账号、百度账号以及视频类网站账号等账号类商品；

6. 炒作博客人气、炒作网站人气、代投票类商品或信息；

7. 航空公司的积分和里程，航空公司积分/里程兑换的机票；各航司下发文件规定的不合格产品；

8. 酒店类商品或服务、跟团游、出境游、签证等业务的商品及服务；

9. 未经平台许可的用于兑换实物或服务的定额卡券、储值卡券、储值服务或将购款项分期返还的交易；

10. 官方已停止经营的游戏点卡或平台卡商品；

11. 以支付、社交、媒体为主要功能的互联网用户账号类商品；

12. 第三方支付平台代付、信用卡代刷类服务及其他违反《关于办妨害信用卡管理刑事案件具体应用法律若干问题的解释》相关规定的商品或服务；

13. 不可查询的分期返还话费类商品；

14. 时间不可查询的以及被称为漏洞卡、集团卡、内部卡、测试卡的上网资费卡或资费套餐及SIM卡；

15. 慢充卡等实际无法在七十二小时内到账的虚拟商品；

16. SP业务自消费类商品；

17. 时间不可查询的虚拟服务类商品；

18. 手机直拨卡与直拨业务，电话回拨卡与回拨业务；

图 3-42　虚拟类

1. 近期媒体曝光的商品；

2. 由不具备生产资质的生产商生产的，或不符合国家、地方、行业、企业强制性标准，或不符合抖音平台规则规定的商品，经权威质检部门或生产商认定、公布召回的商品，国家明令淘汰或停止销售的商品，过期、失效、变质的商品，以及含有罂粟籽的食品、调味品、护肤品等制成品；

3. 经权威质检部门或生产商认定、公布或召回的商品，国家明令淘汰或停止销售的商品，过期、失效、变质的商品，以及含有罂粟籽的食品、调味品、护肤品等制成品；

4. 存在制假风险的品牌配件类商品；

5. 商品本身或外包装上所注明的产品标准、认证标志、生产商信息、材质成份及含量等不符合国家规定的商品；

6. 公益资助贫困儿童/领养动物/保护野生动物（无法核实真实性）；

7. 违禁工艺品、收藏类品；

8. 食药监局明令禁止的商品；

9. 车载音乐U盘；

图 3-43　舆情重点监控类

1. 分销、招代理、招商加盟、店铺买卖；

2. 国内/海外投资房产、炒房；

3. 高仿类；

4. 殡葬用品、用具、存放、投资等；

5. 二手类：二手汽车、二手手机、二手3C数码产品等；

6. 卫生巾、内衣、丝袜、灭鼠器；

7. 白酒；

补充说明：

高仿类：

* 外观侵权、商标侵权及假冒伪劣产品。

* 疑似假货&假货类。

*如耐克、阿迪、GUCCI、COACH等知名品牌；手表、箱包等奢侈品品类等。

图 3-44　不符合抖音平台风格的商品

　　以上电商橱窗禁售类目，抖音官方平台已经进行了公示。同时，为了更好地规范电商橱窗，避免抖音电商运营者销售禁售类目中的商品，抖音针对违规行为给出了对应的处罚，具体如图 3-45 所示。

　　从图 3-45 可以看得出来，一旦发现商品橱窗中包含禁售的类目，轻则关闭禁售商品的购物车功能，重则永久关闭对应账号的橱窗分享功能。所以，抖音运营者在添加商品橱窗的商品时，最好不要抱着侥幸心理添加违规的商品，否则违规问题一经发现，就会得不偿失了。

违规行为	处罚
人工排查时发现禁售商品1次	关闭该内容的购物车功能
排查到的涉嫌发布前述商品且情节严重的（包含橱窗内禁售商品达50%（含）以上或2次管理购物车功能后依然存在禁售商品售卖的商品）	永久关闭该账号橱窗分享功能
重复发布违规商品或信息或通过任何方式规避各类管理措施的商品	永久关闭该账号橱窗分享功能

图 3-45　电商橱窗销售禁售商品的相关处罚

3.3　分享商品开启抖音卖货之路

　　商品分享功能开通之后，抖音电商运营者便可以借助该功能开启抖音的卖货之路了。这一节笔者将重点对商品分享功能的相关使用技巧进行解读，帮助各位抖音电商运营者更好地玩转商品分享。

3.3.1　开通视频分享功能

　　完成"商品橱窗"的新手任务之后，抖商可以解锁一些功能，如视频电商功能。抖音电商运营者要想在视频中分享商品，开通视频分享功能一定是必不可少的，只有开通了视频分享功能，才能一直拥有在视频中分享商品的权益。

　　那么，视频电商功能要如何解锁呢？接下来，笔者就对具体的操作步骤进行详细的说明。

　　步骤 01 登录抖音短视频 App，点击"商品橱窗"界面中的"权限升级"按钮，如图 3-46 所示。

　　步骤 02 操作完成后，进入"更多权益"界面，点击"视频电商"一栏下方的"立即解锁"按钮，如图 3-47 所示。

　　步骤 03 进入如图 3-48 所示的"视频电商"界面，可以看到在该界面中会显示解锁"视频电商"的任务，即在 15 天内发布两个及两个以上包含商品链接的视频，且商品需与视频内容具有相关性。如果抖商需要解锁"视频电商"功能，可以点击界面下方的"立即解锁"按钮，接受任务。

图 3-46 点击"权限升级"选项 图 3-47 点击"立即解锁"按钮

步骤 04 操作完成后，返回"更多权益"界面，此时"视频电商"一栏下方将显示"解锁中"，如图 3-49 所示。只要抖商在指定时间内完成解锁任务，便可以解锁该功能了。

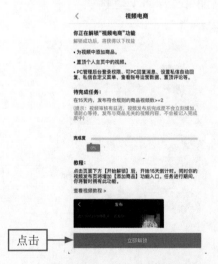

图 3-48 点击"立即解锁"按钮 图 3-49 显示"解锁中"

步骤 05 开始解锁视频电商功能之后，抖音运营者只需发布两条包含商品分享链接的短视频，便可以解锁视频电商功能了。只要抖音运营者发布了两条满足条件的短视频，便会收到一条关于成功解锁视频电商功能的系统消息，就说明视频电商功能解锁成功了，如图 3-50 所示。

图 3-50　关于成功解锁视频电商功能的系统消息

解锁视频电商功能，关键在于了解如何在视频中分享商品。关于在视频中分享商品的具体操作步骤，笔者将在下文具体进行解读。

3.3.2　在视频中分享商品

解锁视频电商功能，要靠在视频中分享商品来完成，下面，笔者就对在视频中分享商品的具体操作步骤进行说明，帮助大家快速解锁视频电商功能。

步骤 01 登录抖音短视频 App，拍摄和选择视频，进入如图 3-51 所示的"发布"界面，点击界面中的"添加商品"按钮。

步骤 02 操作完成后，进入"添加商品"界面。在该界面中，抖音运营者可以通过搜索商品的方式添加商品，也可以从自己的商品橱窗中添加商品。下面就以从自己的商品橱窗中添加商品为例进行说明。抖音运营者只需在"添加商品"界面的"我的橱窗"版块中，点击"添加"按钮即可，如图 3-52 所示。

图 3-51　点击"添加商品"按钮

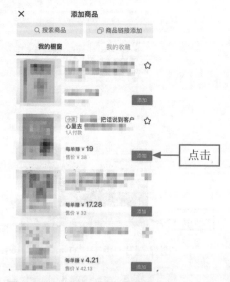

图 3-52　点击"添加"按钮

步骤 03 进入"编辑商品"界面，在该界面中编辑商品的相关信息，信息编辑完成后，点击下方的"完成编辑"按钮，如图 3-53 所示。

步骤 04 操作完成后，返回"发布"界面，如果此时发布界面中 🛒 图标后方出现了刚刚编辑的商品名称，就说明商品分享添加操作成功了，如图 3-54 所示。如果抖音运营者需要发布该短视频，只需点下方的"发布"按钮即可。

图 3-53 点击"完成编辑"按钮

图 3-54 商品分享添加成功

步骤 05 短视频发布之后，短视频中将出现购物车图标和商品名称，如图 3-55 所。其他抖音用户只需点击购物车图标或商品名称，便可以前往商品的购买页面了。

3.3.3 开通直播分享功能

解锁"直播电商"功能，便可以在直播过程中分享商品，让抖音用户可以边看直播边购物。这对于一些直播卖货能力较强的抖音账号来说无疑是一个实用的功能。那么，具体如何开通"直播电商"功能呢？

抖商可以点击"更多权益"界面中的"立即解锁"按钮，如图 3-56 所示。操作完成后，便可进入如图 3-57 所示的"直播电商"界面。

图 3-55 出现购物车图标和商品名称

图 3-56 点击"立即解锁"按钮

图 3-57 "直播电商"界面

从该界面中可以看到解锁"直播电商"的两个主要条件，一是解锁"视频直播"功能；二是账号粉丝数达到 3000 人。而且"直播电商"无须自行解锁，只要抖音账号达到条件，系统将自动为账号开通"视频直播"功能。

3.3.4 在直播中分享商品

直播电商开通之后，抖音运营者便可以在直播中分享商品。下面，笔者就来具体讲解在直播中分享商品的具体操作步骤。

步骤 01 登录抖音短视频 App，点击田按钮，进入拍摄界面。在拍摄界面中点击"开直播"按钮，如图 3-58 所示。

步骤 02 进入开直播界面，点击界面中的"商品"按钮，如图 3-59 所示。

步骤 03 进入"选择直播商品"界面，选择需要加入直播的商品，点击"完成"按钮，如图 3-60 所示。

步骤 04 操作完成后，返回开直播界面，此时界面中将显示商品的数量，如果抖音运营者需要开直播，只需点击界面中的"开始视频直播"按钮即可，如图 3-61 所示。

步骤 05 操作完成后，进入视频直播界面，点击界面中的按钮，如图 3-62 所示。

步骤 06 执行操作后，界面中将弹出"直播商品"对话框，该对话框中会显示直播中分享的商品，如图 3-63 所示。

图 3-58 点击"开直播"按钮

图 3-59 点击"商品"按钮

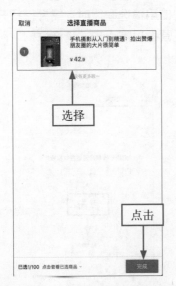

图 3-60 "选择直播商品"界面

图 3-61 点击"开始视频直播"按钮

图 3-62　直播界面

图 3-63　"直播商品"对话框

3.3.5　通过商品分享获得佣金

精选联盟是抖音中"添加商品"界面的一个版块，抖音运营者可以通过添加该版块中的商品并进行销售，获得佣金，如图 3-64 所示为"反馈与帮助"界面对精选联盟的相关介绍。需要注意的是，初次使用精选联盟时，需要授权开通收款账户。授权开通收款账户非常简单，抖音运营者只需点击"精选联盟"版块中的"前往授权"按钮，如图 3-65 所示。

图 3-64　竞选联盟的相关介绍

图 3-65　授权开通收款账户界面

操作完成后，进入"开通账户"界面，抖音运营者只需输入相关的账号信息；点击"开通提现账户"按钮，便可以开通收款账户了，如图 3-66 所示。

通过精选联盟获得佣金的方法很简单，抖商只需在发布视频过程中，在"添加商品"界面的"精选联盟"版块选择商品，便可以获得一定的佣金，如图 3-67 所示。

图 3-66 "开通"账户界面

图 3-67 "精选联盟"的相关界面

插入"精选联盟"的商品之后，只要其他用户通过抖商发布的视频购买商品，抖商便可以获得一定的佣金。抖音运营者只需在"商品橱窗"界面中点击"佣金收入"按钮，如图 3-68 所示。操作完成后，便可以进入"佣金收入"界面，查看佣金详情，如图 3-69 所示。

图 3-68 点击"佣金收入"按钮

图 3-69 "佣金收入"界面

对于在网上没有开设店铺的人员来说，"精选联盟"的相关功能无疑是一种巨大的福利。通过这个功能，只要粉丝量足够、能够吸引抖音用户购买商品，便可以变身抖商。即便是没有本钱，也能赚到钱。

3.3.6 商品分享的常见成交场景

抖音运营者将商品分享至抖音短视频 App 中之后，便可以等待其他抖音用户购买商品，坐等商品成交了。具体来说，抖音中商品分享的常见成交场景可分为 3 种，下面笔者就来进行具体的解读。

1. 抖音平台内成交

如果抖音运营者分享的商品在抖音平台内（即该商品在抖音小店等抖音的自有平台内），其他用户便可以在抖音平台内直接购买商品。那么，抖音平台内的成交场景是怎样的呢？下面就对其具体的购买操作步骤进行说明，展示其成交的具体场景。

步骤 01 抖音用户登录短视频 App，点击视频中分享的商品购买链接，如图 3-70 所示。

步骤 02 进入商品详情界面，在该界面中抖音用户可以查看商品的相关信息，如果确定要购买该商品，只需点击"立即购买"按钮即可，如图 3-71 所示。

图 3-70　点击视频中分享的商品购买链接

图 3-71　商品详情界面

步骤 03 操作完成后，弹出商品购买对话框，在对话框中选择需要购买的产品信息，点击"确定"按钮，如图 3-72 所示。

步骤 04 进入"提交订单"界面，抖音用户只需点击"立即购买"按钮，并支付对应的购物款项，便可以成功下单了，如图 3-73 所示。

选择

点击

图3-72　弹出商品购买对话框

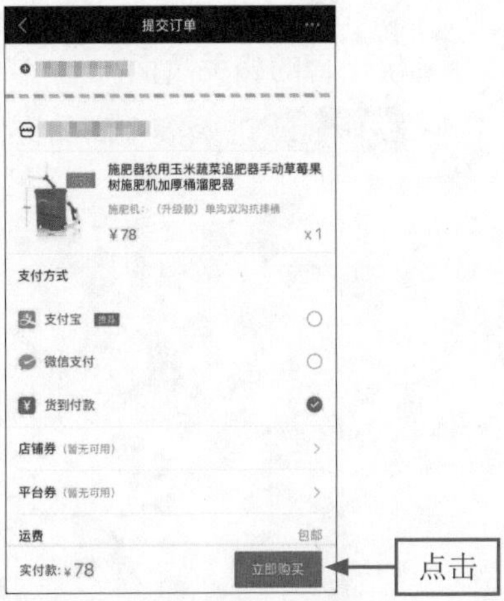

图3-73　"提交订单"界面

2. 跳转外链店铺成交

如果抖音运营者分享的商品是外链店铺，其他抖音运营者便可前往对应的外链店铺购买商品，而商品的成交也将在外链店铺中完成。具体来说，跳转外链店铺的商品，其具体购买操作和成交场景如下。

步骤 01　抖音用户登录短视频App，点击视频中分享的商品购买链接，如图3-74所示。

步骤 02　进入商品详情界面，在该界面中抖音用户可以查看商品的相关信息，如果确定要购买该商品，只需点击"去看看"按钮即可，如图3-75所示。

点击

图3-74　点击视频中分享的商品购买链接

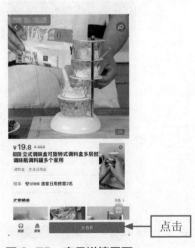

点击

图3-75　商品详情界面

步骤 **03** 操作完成后，出现跳转至外链平台的页面。如图 3-76 所示为跳转至淘宝平台的相关页面。

步骤 **04** 进入淘宝商品详情界面，点击"立即购买"按钮，如图 3-77 所示。

图 3-76 跳转至淘宝平台

图 3-77 淘宝商品详情界面

步骤 **05** 操作完成后，弹出商品购买对话框。在对话框中选择需要购买的产品信息，点击"确定"按钮，如图 3-78 所示。

步骤 **06** 进入"确认订单"界面，抖音用户只需点击"提交订单"按钮，并支付对应的购物款项，便可以成功下单了，如图 3-79 所示。

图 3-78 弹出商品购买对话框

图 3-79 "确认订单"界面

需要特别注意的是，如果抖音用户没有下载对应外链店铺所在的 App，系统会跳转至 App 下载界面；抖音用户只有下载完 App，并且登录 App 账号，才能继续进行购物。

3. 跳转至 H5 页面成交

除了抖音平台内和外链店铺之外，抖音短视频中分享的商品还可以在 H5 页面中成交。这种成交场景相对来说相对少见一些，而其商品的分享则是以个人主页界面的链接为主。下面，就来简单介绍抖音用户通过跳转至 H5 页面，购买商品的具体操作步骤。

步骤 ①1 登录抖音短视频 App，点击抖音账号个人主页界面中的网址链接，如 adidasneo 中的"官方网站"，如图 3-80 所示。

步骤 ①2 因为抖音个人主页中的网址链接都是通往站外的 H5 页面，因此，当抖音用户点击这一类链接时，会出现带有警告性文字"非抖音短视频官方网址请谨慎访问，以免上当受骗造成损失"的页面。如果抖音用户确定要前往该链接地址，只需点击"继续访问"按钮即可，如图 3-81 所示。

图 3-80　点击"官方网站"按钮

图 3-81　点击"继续访问"按钮

步骤 ①3 进入 adidas 的官方网页，点击网页中的"立即选购"按钮，如图 3-82 所示。

步骤 ①4 进入商品选购界面，选择需要的商品，如图 3-83 所示。

步骤 ①5 进入商品购买界面，选择需要购买的产品的信息，点击"立即购买"按钮，如图 3-84 所示。

图 3-82　点击"立即选购"按钮

图 3-83　选择需要的商品

步骤 06　如果抖音用户是第一次通过抖音中的链接进入该网址购物，需要输入手机号、验证码，点击"登录"按钮，登录该网站，如图 3-85 所示。

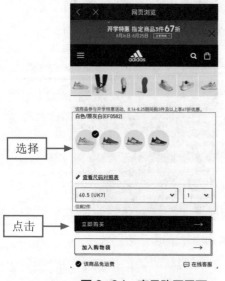

图 3-84　商品购买界面

图 3-85　"佣金收入"界面

步骤 07　登录网站之后，页面将跳转至配送地址填写界面。抖音用户输入配送地址的相关信息，点击"使用该地址"按钮，如图 3-86 所示。

步骤 08 操作完成后，进入下单界面。抖音用户需要核对订单信息，确认无误之后，只需点击"确认下单"按钮，并支付对应的购物款项，便可以完成下单，如图 3 -87 所示。

图 3-86　填写配送地址界面

图 3-87　下单界面

第 4 章

抖音带货：快速打造网红店铺

学前提示

相比于一般店铺，网红店铺通常更能吸引消费者。那么，如何快速打造网红店铺呢？

本章笔者就从 5 个角度出发，教大家如何借助抖音的力量快速打造网红店铺。

要点展示

- 抖音卖货的展示形式
- 借助网红的力量带货
- 用抖音视频进行带货
- 发挥直播的带货能力
- 实用功能为卖货助力

4.1　抖音卖货的展示形式

在抖音中卖货时，展示的形式非常重要。不同的展示形式，优缺点各有不同，其能达到的营销效果也会有所差异。具体来说，抖音卖货的展示形式主要有 4 种，这一节笔者将分别进行解读。

4.1.1　单纯通过图文叠加展示商品

单纯通过图文叠加的形式展示商品，就是用一张张的商品展示图片组合成一个短视频，而其他抖音用户查看该短视频时，看到的将是类似于一张张切换的幻灯片的短视频效果，如图 4-1 所示。

图 4-1　单纯通过图文叠加展示商品

这种形式的商品展示形式，主要优势就在于短视频制作起来非常方便，抖音电商运营者只需选择商品图片进行组合，便能形成一个抖音短视频。而无须像其他短视频那样，花费大量时间进行策划、拍摄和后期处理。

当然，这种商品展示形式的不足也是非常明显的，其中比较突出的一点就是制作出来的短视频观赏性相对较弱，比较难吸引抖音用户看完短视频，而这样一来，这类短视频能够达到的营销效果通常也会变得比较有限。

4.1.2　通过拍摄产品视频展示商品

通过拍摄产品视频展示商品，顾名思义，就是拍摄一条用来展示产品外观或用途的短视频，从而显示产品的优势，刺激消费需求。如图 4-2 所示的短视频就是通过拍摄产品视频来进行商品展示的。

图 4-2　通过拍摄产品视频展示商品

通过拍摄产品视频展示商品这种卖货形式的优势就在于可以对产品自身的外观和用途等进行详细的展示，让消费者在了解产品的同时，受到短视频的引导，增强购买的欲望。

而这种卖货形式的不足则体现在对产品自身展示较多，容易在抖音用户心中形成整个视频是打广告的印象。因此，大多数消费者在看到这类短视频时，很可能会选择直接跳过。

4.1.3　通过真人出镜视频展示商品

通过真人出镜视频展示商品，即拍摄带有真人使用产品的短视频。在短视频中，抖音用户可以看到产品的使用效果，这仿佛就是在告诉看到短视频的抖音用户，视频中产品的使用效果就是真实的效果。如图 4-3 所示的短视频就是通过真人出镜视频来展示商品的。

通过真人出镜视频展示商品的卖货形式，其主要优势就在于加入的真人这一元素，并对真人的使用效果进行了展示，让人感觉像是视频中的真人在说："我用完之后是这种效果，你用完之后也会是这种效果。"而且因为有使用前后的效果对比，所以短视频中商品的使用效果通常比较有说服力。

而这种卖货形式的缺点则体现在需要找人出镜拍摄产品的使用视频，而且使用的效果还要比较好才行，不然，抖音用户看到短视频之后可能不买账。

图 4-3　通过真人出镜视频展示商品

4.1.4　通过真人直播直接展示商品

通过真人直播直接展示商品就是开通直播，并在直播中真人出镜展示产品的使用效果。大多数卖货直播都是采用这种卖货形式，如图 4-4 所示的直播便属于此例。

图 4-4　通过真人直播直接展示商品

通过真人直播直接展示商品的卖货形式，比较明显的一个优势就是能够让抖音用户非常直观地看到产品以及产品的使用效果。而且因为直播的实时性，也大大增强了互动性。所以，如果主播的话语比较具有说服力和引导性，就比较容易获得成交。

而这种卖货形式的缺点也与直播的实时性直接相关，当抖音用户看到直播时，产品的使用效果一目了然，如果效果达不到预期，抖音用户是不会买账的。而且在观看视频的过程中，抖音用户也会提出各种问题，如果主播不能给出令人满意的答复，抖音用户也会对产品产生疑问。

4.2　借助网红的力量带货

网红，简单的理解就是网络红人。因为抖音用户的基数比较大，所以，许多人借助抖音的力量成功地成为一名网红。与一般的抖音用户相比，网红的粉丝量相对比较多，且与其相关的短视频也更能吸引人的目光。所以，如果店铺能够借助网红的力量带货，便能从一定程度上增强店铺的销量。

借助网红的力量带货主要有两种方式，一是打造店铺的专属网红；二是花钱请网红进行造势。这一节，笔者就对这两种借助网红力量带货的方式分别进行解读。

4.2.1　打造店铺的专属网红

打造店铺的专属网红就是从店铺的相关人员中选择一个或几个比较有特色的，进行 IP 打造，将其打造为网红。而随着该网红影响力的增加，许多抖音用户会去线下寻找该网红。因为该网红是店铺中的一员，并长期身处于店铺中，所以，这无形之中便为店铺带来了许多流量。

打造店铺的专属网红，为店铺带来的流量有时候是比较可观的。也正是因为如此，许多店铺都会花费许多成本打造专属网红。当然，除了主动打造之外，也有被动成为网红的，比如，南宁罗志祥便属于这一类。

南宁罗志祥，原名蒙俊源，因为他是南宁人，且外观与明星罗志祥有着一些相似之处，所以，便被人称为"南宁罗志祥"。其实，蒙俊源原本只是一个做粮油生意的普通人，而其之所以能够走红，也是因为有人看他神似罗志祥，便将拍摄他的短视频发布至抖音平台。也正是因为他长得像罗志祥，许多人找不到罗志祥本人，就选择去找这位南宁罗志祥。

当然，南宁罗志祥的走红，除了长相之外，还与蒙俊源自身的为人处世有关。对于来看他的抖音用户，蒙俊源会热心地招待，天气热的时候，会自己掏钱送人、送西瓜。而抖音用户看到蒙俊源的举动之后，也会觉得不买东西不好意思。所以，走红之后，蒙俊源的生意也开始变好了，有时候一天甚至能赚到两万元。

目前，蒙俊源已经拥有了超过 60 万抖音粉丝，其拍摄的视频有时候能获得上万点赞，如图 4-5 所示。而且每天都有人到店铺中来找他，许多人甚至为了与他合照不惜长途跋涉来到南宁，这无形之中也为店铺带来了许多流量。

图 4-5　南宁罗志祥的短视频

4.2.2　花钱请网红进行造势

网红的带货能力惊人，但是，打造店铺的专属网红可能需要花费大量人力和物力，而且即便花费了大量人力、物力还不一定能打造出一个符合预期的网红。那么，有没有什么方法，不用自己打造网红，也能借助网红的带货能力呢？方法当然有，而且操作起来还比较简单，那就是直接花钱请网红进行造势。

对于没有能力独自打造专属网红的店铺来说，花钱请网红来进行造势无疑是借助网红力量卖货的一种便捷方式。只要店铺选择的网红具有足够的影响力，就能为店铺带来许多流量。

如图 4-6 所示为某店铺开业的相关短视频，可以看到该店铺便是通过请网红造势的方式来吸引受众目光的。

当然，在花钱请网红进行造势的过程中还需要特别注意，花钱请网红造势会增加店铺的成本，如果抖音电商运营者要想用有限的支出获取较为可观的效果，最好在请网红之前进行必要的调查和评估，选择性价比相对较高的网红。另外，花钱请网红造势获得的效果通常不会太持久。因此，在请到网红之后，一定要好好利用，不要让钱白花了。

图 4-6　某店铺开业请网红造势

4.3　用抖音视频进行带货

抖音短视频平台最初的定位就是一个用户分享短视频的平台，而大多数用户之所以登录抖音短视频平台，就是希望能看到有趣的短视频。正是因为如此，短视频成为抖音带货的主要载体，如果能够利用好短视频，就能让产品获得不错的销量。

那么，如何利用抖音短视频进行带货呢？这一节，笔者将重点对 5 种抖音短视频的带货技巧进行简单的解读。

4.3.1　善用异性相吸原则

男性和女性看待同一个问题的角度有时候可能会有一些差异，可能某一事物对男性来说并没有多大的吸引力，但是，却能让女性尖叫。而善用异性相吸的原则，则可以在增强内容针对性的同时，提高内容对目标用户的吸引力。

抖音短视频中异性相吸原则的应用方法，通常就是以真人出镜的短视频，用短视频中的美女吸引男性用户，或者用短视频中的帅哥吸引女性用户。采用这种方式的短视频，通常能获得不错的流量，但是，如果短视频中产品自身的吸引力不够，销量可能还是难以保障。

其实，在笔者看来，除了上面这种方式之外，还有另一种异性相吸，那就是让用户购买异性才会用到的产品。让用户看到该产品对于异性的价值，从而让用户愿意将产品作为礼物送给异性。

这种异性相吸原则的使用，关键就在于让用户看到产品对异性的价值，以及异性在收到礼物之后的反应。如果用户觉得产品对异性朋友来说很有用处，或者送出该产品能暖到异性的心，那么，用户自然会愿意购买产品。

如图 4-7 所示为一则关于某女性用品的短视频，可以看到该视频就是采用异性相吸原则，将产品打造成男性送给女朋友的优质礼物来促进产品销售的。

图 4-7　某女性用品的短视频

4.3.2　刺激目标受众需求

一款产品要想获得较为可观的销量，必须刺激消费者的需求，让消费者在看到产品的价值之后，愿意花钱进行购买。

我们经常可以看到一些整体差不多的产品，但是，不同店铺的销量却有可能出现比较大的差异。这是为什么呢？当然，这可能与店铺的粉丝量有一定的关系。那么有的店铺粉丝量差距也不大，同样的产品销量差异却比较大，又是什么原因呢？

其实，除了店铺自身的粉丝量之外，一款产品的销量，还会在很大程度上受到店铺宣传推广的影响。如果抖音电商运营者能够在抖音短视频中刺激目标受众的需求，产品的销量自然会更有保障。

那么，怎么刺激目标受众的需求呢？笔者认为关键就在于通过短视频的展示，让抖音用户看到产品的用处，让抖音用户觉得这款产品确实是值得购买的。

如图 4-8 所示为某产品的短视频，可以看到该短视频中就是通过产品购买之后，孩子不会再抢家长的手机，来刺激家长们需求的。

图 4-8　某产品刺激目标受众需求的短视频

4.3.3　将硬广告变成推荐

越来越多人开始对广告，特别是硬广告产生抵触情绪。部分人在看到硬广告之后，不仅不会有丝毫购买某商品的购买意愿，甚至还会因为对硬广告的厌恶，直接拉黑推出硬广告的品牌，决心不再购买该品牌的产品。

其实，硬广告无非就是为了营销。同样是营销，如果换一种方式，取得的效果可能会有比较大的差异。比如，抖音电商运营者从用好物推荐的角度进行营销，让消费者看到产品的用处，从而让消费者因为产品好用而进行购买。如图 4-9 所示的抖音短视频就是采用这种方式。

图 4-9　好物推荐类短视频

4.3.4 点出核心受众群体

虽然目标受众基数越大,接收信息的人数可能就会越多,但这并不代表获得的营销效果就一定会越好。

为什么这么说呢?这其实很好理解,因为购买产品的只是那些对产品有需求的受众群体,如果抖音电商运营者没有针对有需求的受众群体进行营销,而是花大量时间进行广泛宣传,那么,很可能就会因为对核心受众群体把握不准而难以达到预期的营销效果。

在笔者看来,有时候与其将产品进行广泛宣传,一味地扩大产品的受众群体,倒不如对产品进行分析,找出核心受众群体,然后针对核心受众群体进行营销。这不仅能增强营销的针对性,也能让核心受众群体一眼就看到该产品对自己的用处。

如图4-10所示的短视频中就是通过点出核心受众群体的方式,让宝妈看到产品的用处,从而拉动产品的销售。

图4-10 点出核心受众群体类短视频

4.3.5 提前做好预售种草

在产品还未正式上线时,许多商家都会先通过预售种草,提高目标消费群体的关注度。在抖音中,抖商也可以通过两种预售种草形式促进产品的推广。

抖音短视频主要由画面和声音两个部分组成,抖音电商运营者可以针对这两个部分分别进行预售种草。画面部分,抖音电商运营者可以让预售的相关文字出现,如图4-11所示的短视频就是通过这种方式进行预售种草的;声音部分,抖音电商运营者可以通过口播的方式向受众传达产品信息,增强产品对受众的吸引力，实现预售种草。

消费者都是趋利的，许多消费者为了买到更便宜的产品，都会货比三家。所以，当抖音电商运营者在抖音中发布预售信息时，消费者很可能会对商品的价值进行一个评估。此时，如果在预售中给出一定优惠的折扣，消费者就会觉得已经便宜了不少，在他们看来产品自然也就更值得购买了。

如图 4-12 所示为抖音中预售产品的短视频案例。可以看到该短视频中是以 6.5 折优惠进行预售的，优惠力度相对来说比较大。因此，当受众在看到这两个视频时，自然会认为此时下手购买是比较划得来的。

图 4-11　通过文字进行预售种草　　　图 4-12　以优惠折扣进行预售种草

4.4　发挥直播的带货能力

近几年，直播行业快速发展，许多人也热衷于看直播。抖音短视频虽然以短视频为主，但也推出了直播功能，且抖音对于直播的重视程度也越来越高。在这种情况下，如果抖音电商运营者能够充分发挥直播的带货能力，便能为产品带来不错的销量。那么，如何充分发挥直播的带货能力呢？这一节笔者将进行具体的说明。

4.4.1　建立更专业的直播间

首先要建立一个专业的直播空间，主要包括以下几个方面。

- 直播室要有良好稳定的网络环境，保证直播时不会掉线和卡顿，影响用户的观看体验。如果是在室外直播，建议选择无限流量的网络套餐。
- 购买一套好的电容麦克风设备，给用户带来更好的音质效果，同时也将自己的真实声音展现给他们。

● 购买一个好的手机外置摄像头，让直播效果更加高清，给用户留下更好的外在形象，当然也可以通过美颜等效果来给自己的颜值加分。

此外，还需要准备桌面支架、三脚架、补光灯、手机直播声卡以及高保真耳机等。例如，直播补光灯可以根据不同的场景调整画面亮度，具有美颜、亮肤等作用。手机直播声卡可以高保真收音，无论是高音或低音都可以真实还原，让你的歌声更加出众。

4.4.2 设置更吸引人的封面

如果抖音直播的封面图片设置得好，则能够为各位主播吸引更多的粉丝观看。目前，抖音直播平台上的封面都是以主播的个人形象照片为主，背景以场景图居多，也可选择游戏画面或游戏人物、卡通人物的图片，如图 4-13 所示。虽然抖音直播封面没有固定的尺寸，但不宜过大也不要太小，正方形等比，而且画面要做到清晰美观。

图 4-13　抖音直播平台的直播封面

4.4.3 选择合适的直播内容

目前，抖音直播的内容以音乐为主，不过也有其他类型的直播内容在进入，如美妆、美食、"卖萌"以及一些生活场景直播等。从抖音的直播内容来看，都是根据抖音社区文化衍生出来的，而且也比较符合抖音的产品气质。

在直播内容创业中，以音乐为切入点，可以更快地吸引粉丝关注，在更好地传播音乐内容的同时，也可以让主播与粉丝同时享受到近距离接触的快感。

4.4.4 积极互动提升存在感

抖音没有采用秀场直播平台常用的"榜单 PK"等方式，而是以粉丝点赞作为排行依据，这样可以让普通用户的存在感更强。

下面介绍抖音直播的几种互动方式。

（1）评论互动：用户可以点击"说点什么"按钮，在弹出的输入栏中，输入文字内容，点击"发送"按钮，便可以发布评论，如图 4-14 所示。此时主播要多关注这些评论内容，选择一些有趣的和实用的评论进行互动。

图 4-14 发布评论

（2）礼物互动：礼物是直播平台最常用的互动形式，抖音主播礼物的名字都比较特别，不仅体现出浓浓的抖音文化，同时也非常符合当下年轻人的使用习惯以及网络流行文化，如"小心心""抖音 1 号""不服来战"等，如图 4-15 所示。

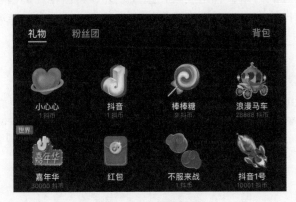

图 4-15 主播礼物

4.4.5　建立抖音直播粉丝团

抖音直播的主播一般都会有不同数量的粉丝团，这些粉丝可以在主播直播间享有一定特权，主播可以通过"粉丝团"与粉丝形成更强的黏性。点击直播页面左上角的主播昵称下方的粉丝团，在弹出的界面中，点击"加入Ta的粉丝团"按钮，支付对应抖币，即可加入该主播的粉丝团，同时获得"专属粉丝铭牌""定制特俗礼物"等特权，如图 4-16 所示。

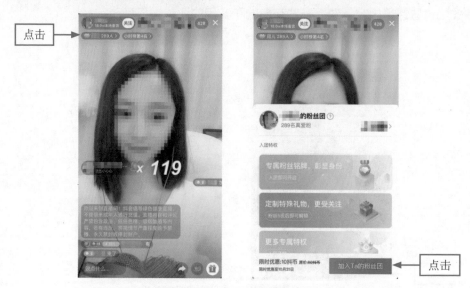

图 4-16　加入主播粉丝团

4.5　实用功能为卖货助力

除了借助网红的力量、利用视频和直播之外，抖音电商运营者还需要懂得利用抖音平台的实用功能进行营销推广，为卖货助力。这一节，笔者将对抖音平台中的 4 种助力卖货的实用功能分别进行解读。

4.5.1　POI 地址功能

POI 是 Point of Interest 的缩写，中文可以翻译为"兴趣点"。店铺可以通过认证认领 POI 地址，认领成功后，即可在短视频中插入店铺位置链接，点击该链接，便可了解店铺的相关信息，如图 4-17 所示。

点击

图 4-17　插入 POI 地址的店铺

该功能对于经营线下实体店的抖音电商运营者来说，可谓是意义重大。这主要是因为，抖音电商运营者如果设置了 POI 地址，那么，其他抖音电商运营者便可以在店铺信息界面中看到店铺的位置。点击该位置，并借助导航功能，抖音用户可以很方便地找到店铺。

当然，POI 地址功能只是一个将抖音流量引至线下的一个实用工具，其引流的效果还得由短视频获得的流量来决定。因此，打造吸引抖音用户的短视频，是该功能发挥功效的基础。

4.5.2　抖音小店功能

为什么要做抖音小店？抖音官方给出的解释是：为自媒体运营者提供变现工具，拓宽内容变现的渠道。对于抖音电商运营者来说，通过添加别人淘宝店铺的商品，虽然可以获得一定的收益，但是，这个比例通常是比较低的。而且在这种模式之下，很多自媒体运营者也很难进行变现。

而如果开通了抖音小店，自媒体运营者便可以打造属于自己的抖音电商销售平台，快速获得应有的收益。

1. 开通抖音小店的流程

要想开通抖音小店，需要先了解开通抖音小店的流程。具体来说，开通抖音小店的一般流程如下。

步骤 01　在浏览器中搜索"值点商家后台"，进入如图 4-18 所示的官网界面，并选择登录方式。这里笔者以今日头条账号登录为例进行说明。

图 4-18　"值点商家后台"官网界面

步骤 02 操作完成后，进入如图 4-19 所示的"手机号登录"界面。在该界面中输入手机号码和验证码；点击下方的"登录"按钮。

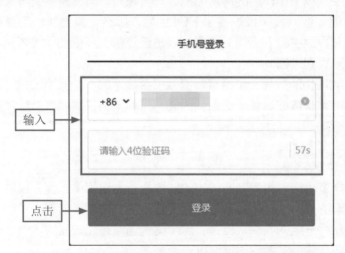

图 4-19　"手机号登录"界面

步骤 03 进入业务类型选择界面，选择抖音小店的业务类型。抖音电商运营者只需点击对应类型下方的"立即入驻"按钮即可，这里笔者以小店商家为例进行说明，如图 4-20 所示。

步骤 04 操作完成后，进入如图 4-21 所示的入驻类型选择界面，在该界面中按照需求点击对应的入驻方式下方的"立即入驻"按钮。这里，笔者就以个人商户入驻为例进行说明。

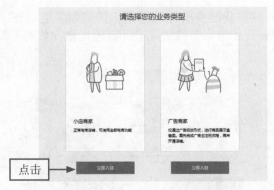

点击 →

图 4-20　业务类型选择界面

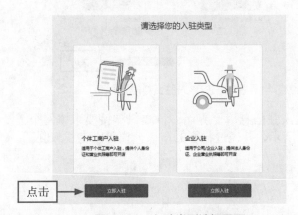

点击 →

图 4-21　入驻类型选择界面

步骤 05 操作完成后，进入如图 4-22 所示的入驻店铺类型选择界面，选择入驻店铺的类型；点击界面下方的"下一步"按钮。

选择 →

← 点击

图 4-22　入驻店铺类型选择界面

步骤 06 进入入驻需要准备的材料界面，抖商如果准备好了资料，便可点击下方的"准备好了，开始填写"按钮，进行店铺入驻，如图 4-23 所示。

图 4-23 入驻资料准备界面

步骤 07 进入入驻信息填写界面，抖商只需按要求填写个人身份信息和店铺信息，如图 4-24 所示，并通过抖音的审核，便可以完成入驻了。

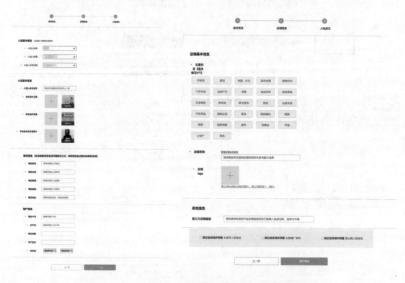

图 4-24 填写个人身份信息和店铺信息界面

2. 抖音小店的营销优势

开通抖音小店之后，抖音电商运营者可以在抖音短视频、头条号和火山短视频个人主页获得专属的店铺页面，并且相关商品还可以通过视频、文章等形式进行推广和宣传。而平台用户在看到商品推广和宣传信息之后，则可直接购买商品。也就是说，借助抖音小店，抖音电商运营者可以直接将多个平台的用户直接转换成消费者。

对于一些账号内已经拥有一定粉丝量的抖音电商运营者，特别是自媒体运营方面的抖音电商运营者来说，抖音小店无疑是一种便捷的变现工具。抖音电商运营者可以在多个今日头条系平台对抖音小店及其商品宣传、引导，提高店铺的流量和整体销量，从而获得更多收益。

4.5.3　抖音小程序功能

抖音小程序实际上就是抖音短视频内的简化版 App，和微信小程序相同，抖音小程序具备了一些原 App 的基本功能，而且无须另行下载，只要在抖音短视频 App 中进行搜索，点击进入便可直接使用。

需要特别说明的是，目前 iOS 系统的手机中，抖音还未开放抖音小程序功能。也就是说，在苹果手机中，抖音用户是找不到抖音小程序的。而安卓用户要想使用抖音小程序，最直接的做法就是在发现界面直接搜索小程序的名称。

以小米有品为例，抖音用户要想使用该小程序，只需在发现界面中搜索"小米有品"，便可以看到"小程序"一栏下方显示了"小米有品"，如图 4-25 所示。抖音用户只需点击该小程序的对应位置，便可直接进入，如图 4-26 所示。

图 4-25　显示"小米有品"小程序

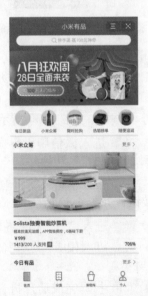

图 4-26　"小米有品"小程序界面

进入小程序之后，如果抖音用户想要购买某件商品，只需点击"商品详情"界面中的"立即购买"按钮，便支付对应金额完成选购，如图 4-27 所示。

另外，抖音小程序中的页面是可以进行分享的，借助分享功能，抖音电商运营者可以将自己的小程序、店铺和商品快速告知更多潜在消费者，提高营销效果。那么，如何将抖音小程序的页面进行分享呢？具体操作如下。

步骤 01 进入"商品详情"界面，点击 ≡ 按钮；在弹出的对话框中，选择"分享"选项，如图 4-28 所示。

图 4-27 "商品详情"界面

图 4-28 选择"分享"选项

步骤 02 选择分享的对象，以分享至微信为例，这里需要进行的操作就是点击"微信"按钮，如图 4-29 所示。

步骤 03 操作完成后，将出现抖音小程序页面二维码界面，点击界面中的"保存并分享"按钮，如图 4-30 所示。

步骤 04 进入微信聊天界面，将保存的抖音小程序页面二维码发送给需要分享的对象，如图 4-31 所示。

步骤 05 被分享对象将抖音小程序二维码保存至相册。进入抖音分享界面，点击 ≡ 按钮，如图 4-32 所示。

步骤 06 进入"扫一扫"界面，点击界面中的"相册"按钮，如图 4-33 所示。

步骤 07 进入相册，选择抖音小程序页面二维码图片；点击"确定"按钮，图 4-34 所示。

步骤 08 扫码完成后，抖音用户便可直接进入对应的抖音小程序页面。而借助该方法，抖音电商运营者便直接完成了引流、带货的操作。

图 4-29　点击"微信"按钮

图 4-30　点击"保存并分享"按钮

图 4-31　发送抖音小程序页面二维码

图 4-32　点击■按钮

图 4-33　点击"相册"按钮

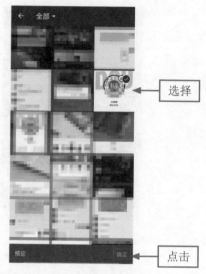

图 4-34　点击"确定"按钮

4.5.4　DOU＋上热门功能

DOU＋上热门功能，是一种给短视频加热，让更多抖音用户看到短视频的功能。简单地理解，其实质就是通过向抖音平台支付一定的费用，花钱买热门，提高抖音短视频的传达率。

在抖音短视频 App 中，有两种使用 DOU＋上热门功能的方法，即在个人主页使用和在视频播放页使用。接下来，笔者将分别进行简单的说明。

1. 个人主页使用

在个人主页使用 DOU＋上热门功能的步骤具体如下。

步骤 ⑴ 登录抖音短视频 App，进入"我"界面。点击界面中的 ■ 按钮，在弹出的对话框中选择"服务"一栏下方的"DOU＋上热门"选项，如图 4-35 所示。

步骤 ⑵ 操作完成后，进入如图 4-36 所示的"DOU＋上热门"界面，点击界面下方的"去上热门"按钮。

步骤 ⑶ 操作完成后，进入"DOU＋上热门"界面。在该界面中选择需要推广的短视频，点击下方的"上热门"按钮，如图 4-37 所示。

步骤 ⑷ 操作完成后，进入如图 4-38 所示的"DOU＋上热门"界面。抖音电商运营者只需点击下方的"支付"按钮，并支付相应的费用，就可以将短视频推上热门，提高其传达率。

图 4-35　选择"DOU＋上热门"选项

图 4-36　"DOU＋上热门"界面

图 4-37　"DOU＋上热门"界面

图 4-38　"DOU＋上热门"界面

2. 视频播放页使用

除了在个人主页界面使用之外，DOU＋上热门功能还能在视频播放页使用，具体步骤如下。

步骤 01　打开需要推广的抖音短视频，点击播放界面的 ●●● 按钮，如图 4-39 所示。

步骤 02 操作完成后，界面中将弹出一个对话框，点击对话框中的"上热门"按钮，如图 4-40 所示。

图 4-39　点击●●●按钮

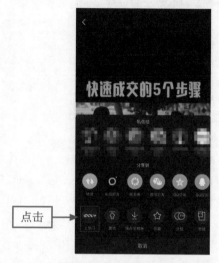

图 4-40　点击"上热门"按钮

步骤 03 操作完成后，进入如图 4-38 所示的"DOU＋作品推广"界面。抖商只需支付对应的费用，便可以借助 DOU＋作品推广功能对短视频进行推广了。

第5章

企业账号：玩转抖音品牌营销

学前提示

与个人抖音号不同，企业抖音号是一个企业对外宣传的窗口。因此，企业抖音号运营起来通常要比个人抖音号复杂一些。

那么，企业抖音号如何玩转品牌营销，借助抖音扩大知名度和影响力呢？本章笔者将从3个方面对这个问题进行回答。

要点展示

- 注册企业账号并做好认证
- 抖音企业号的6种常见玩法
- 运营抖音企业号的注意事项

5.1 注册企业账号并做好认证

如今，品牌营销"台风"—"抖音美好"已经在全网登陆，它涉及吃、穿、住、行等，强势覆盖用户生活的方方面面。"抖音＋各大品牌"的跨界合作，势必在短视频营销领域掀起浪潮。

抖音更是重磅推出了"企业认证"功能，这一重大举措无疑为平台的生态赋予了更强大的能量。具体来说，抖音"企业认证"是抖音针对企业诉求提供的"内容＋营销"平台，为企业提供免费的内容分发和商业营销服务。

现如今，在抖音上存在的企业号，很少有头像上不带"V"字样的了。而且通过认证的企业号，还可以在彰显企业身份、获得权威信用背书的同时，打入上亿用户的心智，种下潜在"N 次传播"的种子，赢下短视频营销的未来。

5.1.1 抖音企业号的核心价值

抖音企业号可以帮助企业紧跟用户，借助平台设计的承接企业营销价值的多种功能，实现价值闭环。再加上抖音短视频平台具有信息密度高的特点，因此，无论用户在抖音平台的历程长短如何，企业均可通过抖音企业号实现价值落地，满足自身的营销诉求。具体来说，抖音企业号的价值落地又体现在如下 4 个方面。

1. 品牌价值

通过企业号的认证方式，可以保证品牌账号的唯一性、官方性和权威性。通过认证之后，企业可以将抖音企业号作为固定的抖音阵地，发挥品牌的影响力，通过抖音的传播，获得更大的影响力。另外，认证通过的抖音企业号的主页定制功能，也能让宣传推广获得更好的效果，从而充分发挥品牌的价值。

2. 用户价值

对于企业来说，每一个抖音企业号的关注者都是目标用户。如果能够挖掘关注者的价值，便可充分发挥粉丝的影响力，实现用户对品牌的反哺。而抖音企业号可以通过粉丝互动管理，粉丝用户画像，让内容触达用户，从而为用户营销提供全链路的工具，更好地实现用户价值。

3. 内容价值

抖音企业号拥有更丰富的内容互动形式、更强的内容扩展性，因此，能够更好地符合用户的碎片化、场景化需求，让更多用户沉淀下来，并在与企业的互动过程中，充分发挥价值，为品牌目标的实现助力。具体来说，企业可以借助日常活动、节点营销和线下活动，更好地实现抖音企业号的内容价值。

4. 转化价值

抖音企业号可以通过多种途径实现从种草到转化的闭环，最大限度地发挥营销短路径的优势。利用抖音企业号的视频入口、主页入口和互动入口，企业可以让抖音用户边看边买，实现企业的转化价值。

5.1.2　企业号的注册和相关设置

抖音企业号的注册和个人抖音号的注册相同，抖音用户之所以可以区分个人抖音号和抖音企业号，主要是依靠两者名称或者说昵称的差异。因此，昵称的设置，对于抖音企业号来说就显得非常关键了。

由于抖音昵称不允许重名，而且企业认证采取先到先得的原则，这就意味着你喜欢的企业号昵称很可能已被其他企业号抢占。一个信息描述准确、有代表性的企业号昵称，能够为企业大大降低认知成本。

在为企业号起昵称时，需要注意如下几个问题：

(1) 昵称应为基于公司、品牌名、产品的全称或者无歧义简称，但要谨慎使用简称，如"小米"应为"小米公司"，"keep"应为"keep 健身"，尤其是易混淆类词汇，必须添加后缀（如公司、账号、小助手、官方等）。具体业务部门或分公司不得使用简称，如"美的电饭锅"不得申请"美的"。

(2) 不得以个人化昵称认证企业账号，如 ×× 公司董事长、×× 公司 CEO、×× 小编等；或系统默认、无意义昵称，如"手机用户 123""abcd""23333"。涉及名人引用但无相关授权的无法通过审核。

(3) 如体现特定内容，需结合认证信息及其他扩展资料判定。涉及应用类，提供软著（软件著作权），如"下厨房 App"需提供软著；涉及网站，提供 ICP 截图；涉及品牌及商标，提供商标注册证，如"雅诗兰黛"需提供商标注册证明。

(4) 昵称宽泛的不予通过：拟人化宽泛，如"小神童"；范围宽泛，如"学英语"；地域性宽泛，如"日本旅游"，这些都不可通过。用户品牌名、产品名、商标名涉及常识性词语时，如"海洋之心"，必须添加后缀，如 ××App、×× 网站、×× 软件、×× 官方账号等，否则无法通过审核。

(5) 昵称中不得包含"最""第一"等广告法禁止使用的词语。

5.1.3　企业账号认证的材料准备

如果说让孩子不输在起跑线，需要的是给他一个好的教育平台，那么让品牌营销不输在起跑线，需要的则是一个好的投放平台。然而放眼望去：微信公号点击率再创新低，与微信大 KOL(Key Opinion Leader，关键意见领袖) 居高不下的投放价格形成了鲜明对比；而微博这个以话题性和互动性著称的媒体平台，现如今"沦为"了明星们闹八卦绯闻的传声筒和刷粉丝业务的"温床"。所以，当越来越多的企业都将目光投向抖音平台的时候，我们也就不会大惊小怪了。

抖音已不仅是普通大众分享美好生活的舞台，而已经成为企业主们品尝营销红利的"乐土"。开通企业账号后，将获得官方认证标识，并使用官方身份，通过视频、图片等多种形态完成内容营销闭环。抖音后续还将推出自定义主页头图、链接跳转、视频主页置顶等多款营销及内容创作工具。如图5-1所示，为"OPPO手机"抖音号的企业认证标识。

图 5-1　抖音号的企业认证标识

2018年6月1日起，企业认证将平台认证打通，包括今日头条、抖音短视频、火山小视频三大App，即一次认证，享受三大平台的认证标识和专属权益。6月1日前已通过今日头条App、抖音短视频App认证的企业主，可通过账号关联的方式将认证信息同步至另一平台。

同时，6月1日起，申请企业认证的审核费将上调至600元/次。企业认证在给企业提供服务的同时，也会进一步规范平台运营并增强企业账号的公信力。为此，抖音引入了第三方专业审核机构，审核账号主体资质的真实性、合法性、有效性。

由于企业账号在不同平台的账号信息、认证信息存在不一样的情况，审核机构需要审核的资质内容也因平台数量的增加而增加，因而需要进行认证费用的调整。通过此次服务的升级，各企业可在多平台最大限度地释放企业服务，多平台树立品牌形象。企业认证需要准备材料如图5-2所示。

哪些企业不可以进行认证呢？

(1) 营业执照的经营范围不包括财经、法律等类别，用户申请相关分类的企业将账号不予通过。

(2) 公司资质、账号信息 (昵称、头像、简介) 涉及医疗健康类、博彩类、互联网金融类、微商，不予通过。

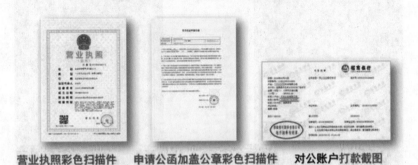

3份材料开通企业认证

营业执照彩色扫描件　　申请公函加盖公章彩色扫描件　　对公账户打款截图

注：申请公函可以在今日头条申请页面下载，亦可由头条易客服提供

图 5-2　企业认证需要准备材料

(3) 公司资质、账号信息 (昵称、头像、简介) 涉及信托、私募、枪支弹药、管制刀具、增高产品、两性产品，不予通过。

(4) 营业执照的经营范围涉及以下内容的不予通过：偏方、艾灸、艾方、临床检验、基因检测、血液检查、生殖健康 (药物、胶囊、用剂，如私处紧致用品)、整容整形 (半永久、脱毛、文身、疤痕修复、烧伤修复)。

5.1.4　企业账号认证的具体步骤

企业注册抖音号之后，都可以选择通过企业认证，将普通的抖音号变成企业抖音号。那么，企业抖音号怎么认证呢？具体步骤如下。

步骤 01　登录抖音短视频 App，进入 "我" 界面，点击界面中的 ▤ 按钮；在弹出的菜单栏中选择 "企业服务中心" 选项，如图 5-3 所示。

步骤 02　进入 "企业服务中心" 界面，点击界面中的 "进行官方认证" 按钮，如图 5-4 所示。

步骤 03　进入 "抖音官方认证" 界面，点击 "企业认证" 后方的 "极速审核" 按钮，如图 5-5 所示。

步骤 04　进入 "企业认证" 界面，点击界面中的 "开始认证" 按钮，如图 5-6 所示。

图5-3 选择"企业服务中心"选项

图5-4 点击"进行官方认证"按钮

图5-5 点击"极速审核"按钮

图5-6 点击"开始认证"按钮

步骤 05 进入资质审核界面，在该界面中提交企业营业执照、认证申请公函，输入手机号码、验证码和发票接收邮箱等信息。信息提交完成后，点击下方的"提交"按钮，如图5-7所示。

企业营业执照，正规企业都有，这个提交很简单。但是，部分抖音运营者对于认证申请公函可能会有一定的疑问。其实，抖音运营者可以在如图5-6所示的"企业认证"界面点击"企业认证公函"；在弹出的"下载模板"对话框中点击"下载模板"按钮，如图5-8所示。模板下载完成后，只需根据模板填写相关信息即可。

图5-7 企业资质审核界面

图5-8 下载企业认证公函模板

步骤 06 企业资质认证资料提交完成之后，只需再提交600元的审核费用，便可成功完成企业认证审核申请。企业认证审核通过之后，对应的抖音账号便会得到认证，变成企业号，并获得相关的权益。

5.1.5 企业账号认证可获得的权益

成功认证"蓝V"企业号后，将享有权威认证标识、头图品牌展示、昵称搜索置顶、昵称锁定保护、商家POI地址认领、私信自定义回复、"DOU+"内容营销工具、"转化"模块等多项专属权益，能够帮助企业更好地传递业务信息，与用户建立互动。

通过抖音企业号认证，将获得如下权益。

(1) 权威认证标识：账号头像右下方会出现"蓝V"标志，并可以显示认证信息，彰显官方权威性。图5-9所示为vivo的企业号。

(2) 昵称搜索置顶：已认证的昵称在搜索时会位列第一，助潜在粉丝第一时间找到你。如图5-10所示，搜索"vivo"这个关键词时，结果列表中的第一个就是"vivo"企业号。

(3) 昵称锁定保护：已认证的企业号昵称具有唯一性，杜绝盗版冒名企业，维护企业形象。

（4）商家 POI 地址认领：企业号可以认领 POI(Point of Interest 的缩写，中文可以翻译为"兴趣点") 地址，认领成功后，在相应地址页将展示企业号及店铺基本信息，支持企业电话呼出，为企业提供信息曝光及流量转化。用户在上传视频时，若给视频进行定位，则在红框位置显示定位的地址名称、距离和多少人来过的基本信息，点击定位后，跳转到"地图打卡功能页面"，在该页面能够显示地址的具体信息和其他用户上传的与该地址相关的所有视频。

图 5-9　vivo 的企业号

图 5-10　昵称搜索置顶

（5）头图品牌展示：用户可自定义头图，直观展示企业宣传内容，第一时间吸引眼球。"蓝 V"主页的头部 banner，可以由用户自行更换并展示，你可以理解为这是一个企业自己的广告位。

（6）私信自定义回复：企业号可以自定义私信回复，提高与用户的沟通效率。通过不同的关键字设置，企业可以有目的地对用户进行回复引导，且不用担心回复不及时导致的用户流失，提高企业与粉丝的沟通效率，减轻企业号运营工作量。

（7）"DOU+"功能：可以对视频进行流量赋能，用户可以付费来推广视频，将自己的作品推荐给更精准的人群，提高视频播放量。

（8）"转化"模块：抖音会针对不同的垂直行业，开发"转化"模块，核心目的就是提升转化率。如果你是一个本地餐饮企业，可以在发布的内容上，附上自己门店的具体地址，通过导航软件给门店导流。例如，高级"蓝 V"认证企业号可以直接加入 App 的下载链接。

5.2　抖音企业号的 6 种常见玩法

抖音企业号认证完成后，便可以进行账号的运营工作了。那么，抖音企业号要如何进行运营呢？这一节，笔者就来介绍一下抖音企业号的 6 种常见玩法，帮助大家快速积累账号粉丝，提高品牌的知名度。

5.2.1　玩产品

对于一个企业来说，产品无疑是营销的核心之一。而且用户对于一个企业的认知，很大程度上也来自于其生产的产品。针对这一点，在企业抖音号的运营过程中，可以将产品作为重点展示内容，通过玩产品吸引抖音用户的目光。

需要注意的是，企业抖音号要想通过玩产品吸引抖音用户的目光，还需选择合适的产品作为展示对象。一般来说，企业的代表性产品和新品通常比较适合作为展示对象。因为具有代表性的产品，代表的是企业产品的品质。而新品则可以借助抖音短视频进行很好的宣传。

如图 5-11 所示为华为终端抖音号发布的一条抖音短视频，可以看到其便是通过展示新品手机来玩产品的。这则短视频对华为这款新手机的多个角度分别进行了展示，这在增加抖音用户对该款手机了解的同时，也从一定程度上刺激了抖音用户对该款手机的需求。

图 5-11　华为终端抖音号玩产品的短视频

5.2.2　玩标签

很多时候，消费者记住某个企业或品牌，都是因为其自身或其产品的标签。比如，许多人记住王老吉这个品牌，是因为"怕上火喝王老吉"这句广告语。而这句广告语正是给王老吉贴上了一个"降火"的标签。

其实，在进行抖音企业号运营的过程中，同样可以采取这种贴标签的方式，让抖音用户更好地记住企业旗下的品牌及其生产的产品，从而达到提高品牌知名度、提高产品销量的目的。

比如，小米旗下的一款产品——小米 CC9 手机拥有 3200 万像素，小米抖音号便借助 3200 万像素这个标签发起了一个"我的颜值 3200 万"的话题活动，并邀请女明星古力娜扎拍摄了话题短视频，如图 5-12 所示。

图 5-12　小米抖音号的话题活动

这次话题活动推出之后，吸引了大量抖音用户的参与，话题相关的短视频播放量快速超过了 50 亿。通过该话题，小米不仅将小米 CC9 拥有 3200 万像素这个标签进行了很好的传达；而且也是告诉消费者，这款拥有 3200 万像素的手机已经上市了，要想拥有 3200 万的颜值，可以下手购买这款手机了。

5.2.3　玩热点

相比于其他内容，热点内容无疑会更加吸引目标用户的目光。如果在抖音企业号的运营过程中结合当下的热点推出相关的抖音短视频，便能快速获得大量抖音用户的关注。

比如，随着李现主演的电视剧《亲爱的，热爱的》的热播，剧中李现扮演的角色，成为许多女生心中的模范男友。于是，网络上开始出现"'现'男友"一词，并快速在各大新媒体平台刷屏。

在这种情况下，"'现'男友"无疑就成为一个热点。也正是因为如此，荣耀手机借助该热点，邀请李现作为品牌的时尚大使，推出了新产品，并为李现拍摄了专门的短视频，如图 5-13 所示。

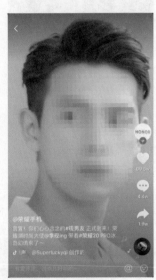

图 5-13　荣耀手机为李现拍摄的短视频

其实，大多数带有广告性质的抖音短视频，关注的人通常都不会很多。但是，这则短视频却获得了近 70 万点赞和 4 万回复，由此便不难看出李现的流量之大，以及荣耀手机玩热点所取得的效果了。

5.2.4　玩达人

如果抖音企业号刚申请不久，粉丝数量比较少，或者企业的知名度比较低，那么，很可能即便发布了抖音短视频，也不会有太多抖音用户关注。这样一来，抖音企业号发布的抖音短视频自然是很难获得比较好的营销效果的。

其实，抖音企业号自身流量不足的问题可以通过一种方法得到有效的解决，那就是邀请网红达人进行宣传。这与请明星做代言是一个道理，无论是网红达人，还是明星，其共同点都在于拥有一定的粉丝量和影响力。

当然，抖音平台上的网红达人与一般的明星可能会有一些不同，这主要体现在：抖音网红达人是通过拍摄抖音短视频发展起来的，他们拍摄的短视频通常质量比较高，对抖音用户也会更具吸引力；而且他们大多拥有大量忠实粉丝，只要这些网红达人发布了新短视频，粉丝们就会纷纷进行查看。

金龙鱼曾推出"2019 舞出好比例"话题活动，并邀请"代古拉 K"和"他是子豪"等抖音网红达人拍摄了相关的短视频，如图 5-14 所示。而这两位网红达人的短视频发布之后也是获得了数十万点赞，快速让金龙鱼推出的"2019 舞出好比例"话题成为热门话题。

图 5-14　金龙鱼邀请网红达人拍摄的短视频

5.2.5　玩特效

随着抖音的发展和抖音用户的不断增多，许多抖音电商运营者会发现一个问题，那就是越来越难拍摄出具有特色，又能吸引抖音用户参与的短视频。其实，这个问题对于抖音企业号来说很容易解决。

这主要是因为抖音企业号可以推出话题活动，并给话题活动配备专属的特效，在通过特效来增强短视频内容特色的同时，让独特的短视频特效来增加抖音用户利用特效拍摄短视频的意愿。

当然，抖音企业号在推出专属特效时，也要有所思考。在笔者看来，一个合格的专属特效应该要满足两点：一是专属特效应该与企业、品牌或者产品有较强的关联性，让抖音用户一看到短视频，就能想到其对应的企业、品牌或产品；二是专属特效应该具有普适性，也就是抖音用户也能利用该视频拍摄出自己的短视频，否则抖音用户的参与积极性将难以提高。

比如，黑人牙膏曾推出"我要泡泡白"话题活动，并为该话题活动配备了专属的特效。该特效一经使用，屏幕中会出现大量气泡，同时会显示黑人牙膏的形象，如图 5-15 所示。这仿佛是在告诉抖音用户，使用该牙膏之后会出现大量白色的泡泡，它们会美白你的牙齿，清新你的口气。

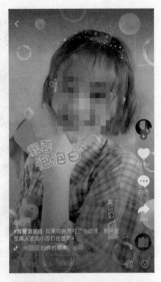

图 5-15　黑人牙膏的特效

而且该特效在抖音用户看来非常有趣和酷炫，再加上该话题活动有一定的奖励，所以抖音用户在看到该话题活动之后会更愿意参与。这不仅有效地宣传了黑人牙膏易起泡的特点，而且也通过话题活动提高了品牌的知名度。

5.2.6　玩音乐

相比于文字内容，律动的音乐往往更能调动人的情绪。而且文字能表达的内容具有一定的局限性，部分抖音用户（如外国用户）单看文字内容可能并不能完全领会短视频要表达的意思。但音乐却是国际共通的语言，即便抖音用户对文字不甚理解，也能通过音乐大致理解短视频制作者要表达的情绪。

基于这一点，抖音企业号可以通过玩音乐来玩转抖音品牌营销。一般来说，在抖音短视频平台中玩音乐大致有两种方式：一是制作企业、品牌或产品的专属音乐；二是通过音乐征集活动、通过与音乐相关的活动来达到营销的目的。

比如，王老吉就曾通过"越热越爱走出去"话题活动，推出"看见音乐计划"，从而征集相关的音乐，如图 5-16 所示。很显然该活动便是通过音乐征集活动，借助玩音乐来达到营销目的的。因为该互动看似只是进行音乐创作，实则在短视频文案中还需要 @ 王老吉，并且要想获奖，还需要尽可能露出王老吉的品牌信息。

该活动推出之后，快速吸引了大量音乐人的参与，而许多与该话题活动相关的音乐也开始诞生。在如图 5-17 所示的两则短视频中，音乐创作人便都创作了与话题活动相关的音乐。

图 5-16　王老吉"越热越爱走出去"话题活动

图 5-17　音乐创作人创作与话题活动相关的音乐

5.3　运营抖音企业号的注意事项

　　虽然都是抖音短视频，但个人抖音号和企业抖音号存在很大差别，这主要体现在目标和内容上。

(1) 目标的差异。做个人抖音号更多是以获取流量为主，核心目标是提高播放量，比较看重粉丝的数量，注重个人影响力范围。

而企业短视频营销目标一般有两种：一种是曝光品牌，将更多关注点放在如何提高产品曝光度上，为品牌进行造势，让受众对品牌产生印象，更注重刷"存在感"；另一种则是以精准获客和转化为目的，比如一些电商企业，以短视频形式来获取精准和忠诚的用户，进而转化为高客单价的客户。

(2) 内容的差异。由于目标的不同，抖音企业号和个人抖音号自然在内容策划上就有了差异。

比如，企业短视频应该会更多地思考"如何围绕品牌讲一个故事""如何将产品融入剧情"等之类的问题。并且，企业短视频的定位和效果达成，不仅仅是为了确定内容方向，更是为渠道铺设奠定基础，只有内容确定之后，我们才能以此作为依据，确定内容适合的渠道。

正是因为抖音企业号和个人抖音号之间的差异，所以，抖音企业号的运营相比于个人抖音号还是有一些区别的。那么，在运营抖音企业号的过程中要注意哪些事项呢？这一节笔者将重点对 5 个方面的内容进行解读。

5.3.1　配备专业的运营团队

个人抖音号拍摄的短视频相对来说可能会随意一些，只要看到一些新奇的内容，个人抖音号运营者便可以拍下来，上传至抖音短视频平台。而抖音企业号作为企业的一个宣传窗口，其发布的短视频内容都代表了企业的形象。因此，抖音企业号拍摄的内容通常都是需要进行前期策划的。

当然，企业抖音号的运营除了短视频内容的策划之外，还涉及到具体内容的拍摄，以及对账号粉丝的运营等。很显然，企业抖音号的运营是一个复杂的系统工程，如果将运营的全部工作交给某个人肯定是不行的。那么，怎么保证企业抖音号的正常运作呢？

笔者认为，还得为企业抖音号配备专门的运营团队，让专门的人来做专业的事。具体来说，为企业抖音号配备专门的运营团队又需要重点做好两方面的工作，即组建运营团队和进行团队分工。

1. 组建运营团队

要组建一个专门的企业抖音号运营团队，首先需要对企业抖音号的运营工作进行分类，了解各部分工作对人员能力的需求。然后，就是根据运营工作对能力的具体需求去寻找合适的人选。并将合适的人员固定下来，组成一个完整的团队。

在此过程中，需要特别注意的一点是，一定要按照要求去选择人员，找到合适的人选，而不能为了省事就随便找人凑数。因为每个运营人员都有需要完成的工作，一个企业抖音号的成败与每一个运营人员都有关系，如果运营人员的素质达不到要求，企业抖音号在运营过程中很可能会出现各种各样的问题。

2. 进行团队分工

运营团队组建完成后，接下来要做的就是对团队进行分工，确定每个运营人员的具体工作。一般来说，企业抖音号的运营工作可以分为以下 3 个部分。

(1) 内容策划。一个抖音短视频能否获得成功，关键还在于内容。因此，对于企业抖音号来说，短视频内容的策划非常关键。内容策划涉及到方方面面，不仅包括短视频的创意，更包括短视频中的各种具体内容，如出镜的人员、场景等，这些都必须在短视频拍摄之前确定下来。

(2) 内容拍摄。内容的拍摄主要就是将前期策划的内容变成短视频内容。这不仅要求根据内容策划进行拍摄工作，为了让短视频的内容更具表现力，还需要对短视频拍摄的各种参数进行设置，并对拍摄完成的短视频进行必要的后期处理。

(3) 账号维护。账号维护人员主要负责与粉丝的沟通，包括回复消息和评论，以及账号信息的设置，通过加强与粉丝的联系，增加粉丝的黏性。部分账号维护人员还需要负责短视频的上传与信息编辑工作。

5.3.2 把控住内容发布节奏

企业抖音号发布的短视频内容大多数都带有营销的属性，这本身就容易让抖音用户不太愿意关注。如果在企业抖音号的运营过程中还三天打鱼两天晒网，很长时间还不发布新的短视频内容；那么，企业抖音号内好不容易获得的粉丝也会慢慢地流失。毕竟在抖音用户看来，如果一个抖音账号很久都不更新内容，其包含的价值也会大打折扣。

因此，在企业抖音号的运营过程中一定要把握内容的发布节奏，适时地发布新内容，让抖音用户知道你的账号还在运营过程中。当然，不同的内容发布的节奏有所不同，在发布过程中，还需根据内容所属的类别把握节奏。

一般来说，热点型内容都具有一定的实效性，因为热点的热度只会持续一段时间。对于这种内容，抖音企业号需要尽快发布，要知道，你早一秒发布，就能早蹭一秒的热度。而一旦热度过去了，短视频的流量便有可能大幅减少，而短视频的营销效果也将大打折扣。

连续性内容包含了多个短视频，对于这一类内容可以选择一定的频率在相对固定的时间内发布，让抖音用户养成观看短视频内容的习惯，并通过一系列短视频在抖音用户心中打造企业、品牌和产品的鲜明形象。

而具有广告导向的短视频内容，则应该配合品牌的关键营销节点进行集中的投放，快速将企业、品牌和产品的相关信息传达给潜在消费者，从而在短期内助力品牌的爆发式增长。

5.3.3　策划视频要注意细节

　　企业在策划视频过程中，需要注意哪些细节？该从哪些方面着手呢？笔者认为，最重要的是拍摄脚本的策划，是剧情类、知识类，还是开箱测评类？

　　如果说企业的视频只是简单呈现了产品的功能或外观，那么拍出来的跟淘宝上常见的商品视频就没有什么区别了，就像一个干巴巴的说明类视频。这样的视频，即使画面再精美，也没有办法在短视频的大海中脱颖而出，让人记忆深刻。

　　因此，企业要更多考虑怎样通过短视频提高商品的溢价，让买家对商品感兴趣，让他继续关注。所以说企业短视频需要策划，也就是我们所说的核心价值的挖掘。那么在挖掘核心价值时，企业该从哪一些方面着手呢？下面归纳了四点：

　　(1) 有感染力。短视频的核心价值一定要有感染力，即价值要能够触动买家的内心，让买家与其产生共鸣，从而对其认同并且赞同的一种力量。

　　(2) 有差异化。第二是核心价值与同类产品要有差异化，即我们要别具一格，而且要有合情合理的优点，不走寻常路但又不偏离整个图纸。

　　(3) 包容力和敏感性。第三是核心价值要具备包容力和敏感性，即要有一定的深度，要经得起推敲，让买家回味无穷。

　　(4) 提升品牌溢价能力。第四是核心价值要可以提升品牌的溢价能力，即能够让品牌在同类产品中卖出更高的一个价格。

5.3.4　塑造好企业品牌人设

　　人设，即人物设定。什么是人物设定？简单来说就是一个容易被人记住的标签。日常生活中比较常见的人设应该是娱乐圈明星的人设。比如，迪丽热巴的"吃货"人设；霍建华的"老干部"人设等。人设实际上就是抢占认知，让受众看到某个标签之后就能想到你的人设。

　　而品牌人设则是品牌向外界展示的一个标签。一个品牌打造的人设能够在潜在消费者心中留下深刻的印象，从而刺激更多消费者购买品牌旗下的产品。品牌人设的打造有两个关键点，一是打造的人设要有独特性，也就是当前市场上没有的，能区别于竞争对手的标签；二是品牌的人设要与品牌自身的特性有一定的关系，那些胡乱编造的标签是没有说服力的。

　　正是因为品牌人设的抢占认知作用，所以，许多品牌都开始打造属于自己的品牌人设。在众多企业中，小米绝对是品牌人设打造得比较成功的企业。一说起小米，绝大多数人的第一印象就是产品性价比高。特别是小米手机，与市面上三、四千的手机配置相同的小米手机可能只要两千左右。

这主要还是因为小米从一开始打造的就是高配低价的品牌人设，小米科技CEO 的观点就是：小米不靠硬件赚钱。而这个品牌人设也起到了很好的作用，小米受到了国内大量用户的拥护，小米也拥有了大量的"米粉"。

当然，对于企业来说，品牌人设建立之后，还得用心来维护，一旦人设崩了，就会产生难以想象的后果。

例如，王源在大众的印象中一直都是积极阳光的大男孩形象。也正是因为如此，小米 9 邀请王源作为代言人，目的是塑造小米 9 年轻、时尚的气质。然而，就在成为小米 9 代言人之后不过短短几个月，王源便被爆出在公共场合吸烟的新闻，而且看其抽烟的姿势，显然是其中的老手了。该新闻一出，王源之前塑造的正面形象顷刻之间崩塌，而其代言的小米 9 也因此蒙上了一层烟云。

虽然王源的人设崩塌并不是小米造成的，但是，小米却要为此承担严重的后果。这也在警示企业，做品牌人设时不仅要做好自身的形象维护，也要对代言人进行严格的挑选。毕竟代言人也是品牌的一个重要招牌，一旦代言人出现了不良的新闻，其代言的品牌或多或少会受到一定的影响。

第 6 章

店铺运营：将用户变成消费者

学前提示

对于电商运营者来说，抖音平台的运营固然重要，但更重要的还是店铺的运营。毕竟只有通过店铺运营，将抖音用户变成店铺的消费者，电商运营者才能真正赚到钱。

那么，店铺要如何运营呢？本章就优化运营提升店铺转化率、将消费者变成店铺推销员和做好售后提高整体满意度这 3 个方面，具体解读店铺的运营方法，让抖音用户变成你的消费者。

要点展示

- 优化运营提升店铺转化率
- 将消费者变成店铺推销员
- 做好售后提高整体满意度

6.1 优化运营提升店铺转化率

在店铺运营的过程中,转化率的提升是关键。那么,如何提升店铺的转化率呢?笔者认为,可以重点做好 8 个方面的工作。

6.1.1 商品包邮

对于大多数消费者来说,购物是能省则省。本来购买一件产品,消费者就会思考是不是划得来,如果还要在这个基础上支付一定的快递费,部分消费者可能就会觉得有些贵了。

其实,快递费用通常也就几块钱,而且抖商在给产品定价时,也可以将快递费算进去。对于消费者来说,同样的产品,一个是 99 元包邮,另一个是 94 元,但是需要支付 5 元快递费。大部分消费者可能会选择前者。这主要就是因为在消费者看来,前者标价 99 元,后者标价 94 元,用同样的钱买到标价高的商品感觉更划得来一些。

正是因为如此,包邮的产品往往更容易获得消费者的青睐。如图 6-1 所示为淘宝平台中猕猴桃的销量排序截图,可以看到在该截图中,排在前面的这些猕猴桃销售渠道都是以包邮的方式进行销售的。

图 6-1 淘宝平台中猕猴桃销量排序截图

6.1.2 实行满减

产品的最终购买价格是大多数消费者在选购产品时重点考虑的因素之一。同样的商品，大多数消费者都会选择购买价格相对较低的产品。这一点也很好理解，毕竟最终购买价格越低，对消费者来说就越划得来。

有时候抖商的产品定价在消费者看来是偏高的，此时，抖商就需要采取一些方式，降低产品的最终购买价格。比如，可以通过满减优惠的方法，让消费者达到指定消费金额之后，可以享受一些优惠。

如图 6-2 所示为步步为赢的满减优惠，可以看到该店铺实行的满减优惠为满 99 减 50，这相当于是买 100 直接打 5 折。面对如此大的优惠幅度，消费者又怎么可能不动心呢？

图 6-2　步步为赢的满减优惠

实行满减优惠的优势就在一方面可以让消费者享受到一定的优惠，另一方面消费者要达到指定的满减金额，通常需要进行凑单，而这无形之中可以增加消费者对其他产品的购买量，提高店铺的整体销量。

6.1.3　新品促销

与一般的产品不同，新品还没有被消费者使用过，所以消费者多少会对其产生疑虑。因此，为了提高消费者的购买欲望，大多数抖商都会在新品预售或刚上市时给出一些优惠，通过相对优惠的价格，给潜在消费者种草。

如图 6-3 所示为 OPPO 新款手机销售的相关界面，可以看到该新款手机的价格便是"至高优惠 300"。一个 2000 多的手机，最高降了 300 元，这对于许多消费者来说无疑是一个巨大的诱惑。所以，即使这是新款手机，手机性能等方面还有一些不确定性，许多消费者还是会选择购买。

图 6-3　OPPO 的新款优惠

6.1.4　引导晒单

用户晒单赢好礼是许多商家比较惯用的一种营销方式。这种营销方式的目标主要有两个：一是增加产品的评价量，让消费者觉得产品销售火爆；二是因为有礼品赠送，可以提高获赠消费者的获得感，增加消费者对产品的好评度。

如图 6-4 所示为某商品的晒单即送活动，该活动中消费者只需将小视频＋5 张图片＋35 字以上评论，截图给客户，便可赢得无线蓝牙耳机。在这种情况下，消费者购买产品之后，晒单的热情自然也就提高了。

图 6-4　某商品的晒单即送活动

6.1.5 限时抢购

同样是将产品按照 7 折销售，如果抖商只是在店铺中说明折扣，却不限定时间，那么，即便已经比较优惠了，可能部分消费者还是会有一些犹豫；而如果抖商限定折扣时间，也就是进行限时抢购，消费者可能会认为这个优惠"错过这个村就没有这个店了"。在这种情况下，消费者自然会更想购买店铺中的产品。

如图 6-5 所示为卡骆驰的限时抢购活动界面，可以看到界面中不仅显示了活动结束的剩余时间，更限定了每个 ID 限购 5 件。消费者要想购买自己需要的产品，只能抓紧时间，及时入手。

图 6-5　卡骆驰的限时抢购活动

限时抢购的主要优势就在于能够在潜在消费者心中形成压迫感，当消费者看着抢购的时间一秒秒倒数时，心会被挠得痒痒的。所以，许多消费者会忍不住地"剁手"购买产品。

6.1.6 限量销售

除了限时抢购之外，限量销售也是一种刺激消费的有效手段。抖音电商运营者可以通过向消费者限量提供商品的方式，让消费者明白可供销售的商品有限，要想购买就赶紧下手。当然，如果条件允许的话，抖音电商运营者可以结合限时销售和限量销售，增强商品对消费者的吸引力。

淘宝的"淘抢购"版块便属于典型的限时销售加限量销售模式。在该版块中，消费者不仅可以看到活动结束的时间，还能看到商品的销售进度，如图 6-6 所示。也就是说，只有在时间结束前，商品还没有完全销售完，消费者才能以相对优惠的价格购买商品。而受到时间和库存量的双重压力，消费者为了能以优惠价格买到商品，自然也会更愿意尽早下手。

图 6-6　淘宝的"淘抢购"界面

6.1.7　发放优惠券

降低产品的最终购买价格，除了实行满减优惠之外，还可以直接发放优惠券。发放优惠券的优势就在于优惠的起点金额比较小，也就是说消费者可能只购买一点点东西便能享受到优惠。而缺点就是优惠券通常不能重复使用，每次购物只能用一张优惠券。

如图 6-7 所示为某店铺的"领券更优惠"界面，可以看到在该店铺中的优惠券主要分为 4 种。以满 590 减 80 元为例，其比满 590 打 9 折还要便宜不少。消费者看到之后，自然会更愿意购买。

图 6-7　某店铺的"领券更优惠"界面

6.1.8　漂亮的卖家秀

虽然大家都知道买家秀和卖家秀之间往往都存在着比较大的差距，但是，大部分商家还是会花很多心力去打造卖家秀内容。这主要因为卖家秀通常看上去非常美好，而部分消费者可能就会觉得"卖家秀这么好，自己用着再差也差不到哪里去"。所以，在看到比较有吸引力的卖家秀时，即便自己可能达不到这样的效果，还是会选择购买。

如图 6-8 所示为某款裙子的卖家秀，原本后面的背景就比较美了，再加上模特的身材比较好，穿上这款裙子看上去非常合适，这就让卖家秀中的图片显得更加漂亮了。而部分爱美的女性在看到这么美的画面时，可能就会幻想自己穿上这款裙子也能像模特这么漂亮。在这种情况下，这些女性自然就会忍不住购买这款裙子了。

图 6-8　某款裙子的卖家秀

6.2　将消费者变成店铺推销员

对于抖音电商运营者来说，一个人或者说一个团队的精力是有限的，如果能将消费者变成店铺的推销员，店铺的宣传推广工作将变得事半功倍。那么，如何将消费者变成店铺推销员呢？这一节笔者将对具体的操作方法进行解读。

6.2.1　严格保证产品质量

想要利用粉丝打造口碑，就应该保证产品的质量，让消费者为品质而折服，从而逐渐演变为企业和店铺的铁杆粉丝。想要获得铁杆粉丝，并建立起产品和企业的粉丝团队是相当不容易的，要做到这一点，必须在产品的品质上大做文章。

那么，在具体的打造过程中，抖音电商运营者应该怎样操作呢？笔者认为可以重点做好两个方面的工作。

1. 保证产品的基础质量

能成为一个产品的铁杆粉丝，那么这款产品的基础质量肯定是过关的，因为消费者不可能长时间盲目地追捧一个产品，除非它的核心品质能让人信服。保证产品的基础质量有哪些标准呢？笔者将其总结为以下 3 点。

(1) 产品要真材实料；

(2) 产品性能要好；

(3) 产品要经得起消费者的检验。

以小米手机为例，它一次又一次推出让粉丝尖叫的"爆品"，就是在保证产品质量的基础上又对其手机进行了创新。如图 6-9 所示为小米推出的新款手机。

图 6-9　小米推出的新款手机

小米的成功不是偶然，只是因为它抓住了广大消费者最本质的需求——品质。任何企业都应该学习小米注重产品基础质量，并以此培养铁杆粉丝的策略，以获得持久的支持和树立口碑。

2. 为产品品质加点"料"

除了保证产品的基础质量，抖音电商运营者还要学会为产品加点"料"，比如个性、品位等。因为随着时代的变化，大多数消费者对产品的品质需求已经发生了改变。传统社会中，消费者对产品的品质需求主要集中在产品本身具有的功能。而现代商业社会中，消费者对产品的品质需求则体现在产品的个性化和高品位上。

以手表为例，手表的发展历程就可以完美地诠释时代的变化对人们所造成的对于品质需求的变化。最初，人们佩戴手表只是为了方便看时间。慢慢地，人们开始追求手表的耐用性，有的人开始戴电子表，还有一部分人直接用手机看时间，不再戴表。而现在，越来越多人开始追求戴名牌手表，而此时戴手表则是一种品位。

因为时代的变化，所以一些产品的功能可能会被其他的产品所代替，但这并不意味着这款产品就此销声匿迹。相反，如果看准商机，把自身的产品做细做精，就会得到意想不到的收获。如图 6-10 所示，为阿玛尼猫头鹰系列手表的部分产品，其彰显个性化的品位，赢得了很多粉丝关注。

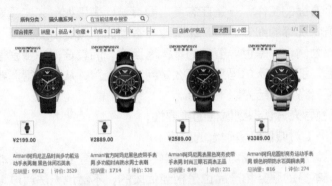

图 6-10　阿玛尼猫头鹰系列手表

　　需要注意的是，在为产品品质加"料"的时候也不能忘了产品的基础品质，因为那是产品的根本。如果将产品的品质与品位、个性相结合，相信粉丝也会蜂拥而至，企业的口碑树立也就容易多了。

6.2.2　诚信经营获取信任

　　获得粉丝的一个重要方法就是诚信经营。"信用是无形的资产"，如果抖音电商运营者懂得利用诚信来进行店铺管理，就能获取消费者的信任，并树立良好的口碑。

　　诚信经营是一个循序渐进的过程，但诚信一旦树立就会赢得众多消费者的信任，而且会直接影响到产品的销量和品牌的传播。

　　有的抖音电商运营者不注重诚信经营，为了赚取眼前利益全然不顾消费者的合法权益，就失去了消费者的信任，甚至使得自己苦心经营的店铺口碑毁于一旦。这种行为是不可能赢得粉丝支持的，更别说树立口碑，将消费者变成店铺的宣传员了。

　　抖音电商运营者要在方方面面坚守诚信，在经营理念中渗透着诚信，这样的话，消费者就可以从购物的过程中感受到店铺的诚信，从而对品牌和店铺增加好感，主动向身边的人推荐企业的相关产品。

　　那么，抖音电商运营者应该怎样利用诚信经营吸引粉丝的关注，从而获得粉丝的信任呢？笔者认为可以重点从如下两个方面努力。

1. 从消费者出发

消费者对于店铺发展的重要性是不言而喻的，因为他们的取向决定着店铺的兴衰，他们的心理决定了店铺的发展趋势。

要想获得消费者的信任，使其成为品牌和店铺的忠实粉丝，就应该从消费者入手。抖音电商运营者要从消费者的角度出发，展示店铺的诚信。具体来说需要重点做好两个方面的工作，一是在态度上要真诚、表里如一；二是要通过经营管理理念和财务状况等的细节公布，让消费者看到你的真实情况。

以沃尔玛为例，它是世界著名的零售商巨头，而其获得消费者信任的秘诀就在于诚信经营。那么，沃尔玛又是怎么做到诚信经营，从而获得消费者一如既往的信赖呢？笔者将其总结为以下两点。

(1) 企业领导充分认识到诚信的重要性；

(2) 企业员工对诚信经营理念的坚守。

由此可见，沃尔玛的成功就在于懂得利用诚信经营的理念来获取消费者的信任，当然，其本身的服务和产品也是相当优质的，不然也无法通过培养大量的忠实粉丝来树立起口碑。

沃尔玛这个典型案例值得抖音电商运营者好好借鉴和学习，尤其是那些希望通过粉丝和诚信经营理念打造口碑的抖音电商运营者，更应该仔细钻研和分析沃尔玛的经营之道。

2. 关注社会公益

与个人抖音电商运营者不同，企业抖音电商运营者通过诚信经营获得消费者的信任，不仅要从消费者的角度考虑，还要从企业本身处在社会上的位置来考虑。因为企业不是单独的个体，它是依靠消费者和社会才得以生存发展的，离开了消费者和社会，企业的口碑树立无从谈起。

因此，企业除了为实现赚取利润的目的而努力，还要积极地承担其社会赋予企业的社会责任，为带动和倡导全社会一起为建设更加美好的家园而不懈努力奋斗。企业在承担社会责任的时候，切记不能弄虚作假，夸大其词，一定要说到做到，以便在消费者心中树立良好的社会口碑，得到他们的信任和认可。

为了获得粉丝的认可，打造口碑，诚信经营的理念不能丢。最为重要的是，从道德方面来看，坚守诚信是电商运营者义不容辞的责任，因此，想要树立良好的口碑，诚信经营必不可少。

6.2.3 薄利多销增强吸引

价格对于消费者而言，永远都是购买产品需要考虑的重要因素之一。抖音电商运营者想要吸引更多的粉丝，从而为店铺口碑打造积聚力量，就应该从价格入手，牢牢抓住消费者的心。

举个简单的例子，两个同样规模的水果店，一个产品的价格高一些，另一个产品的价格略低一些，价格高的产品虽然单价赚取的利润较高，但数量少；价格低的产品虽然单价利润低，但胜在价格优势和数量。俗话说，"薄利多销"，这样的营销方式更容易吸引消费者前来购买产品，从而主动向身边的人也推荐该产品。

　　如图 6-11 所示为两个店铺中百香果的销售信息，可以看到左边店铺的百香果净重 5 斤，价格为 49.8 元；而右边店铺的百香果则是带箱 6 斤，原价为 39.8 元，现在抢购只要 26.8 元。两家店铺的百香果都是特级大果，而且箱子的重量一般也不会超过 1 斤。

图 6-11　两个店铺中百香果的销售信息

　　但是，这两家店铺的百香果售价却有 23 元的差距。面对这么大的价格差距，如果你是消费者，你会选择哪家店铺的百香果呢？这两家店铺的销量也给出了答案，价格便宜的店铺销量超过了 4 万人付款，而价格较高的店铺销量却不到 5000 人付款。

　　值得注意的是，抖音电商运营者在利用薄利获取价格优势的时候，一定要注意保证产品的质量，不可为了盈利而粗制滥造。不然的话，就算得到了消费者一时的追捧，时间一长，还是会被无情淘汰。

　　因此，想要利用价格优势获取粉丝的支持，就要谨慎地保证产品质量，做好各方面的工作，以便为店铺树立口碑。

6.2.4　借助福利提高黏性

　　正所谓"得粉丝者得天下"，为了获得粉丝的青睐和支持，就应该多为粉丝发放福利。只有这样，才能把粉丝牢牢抓住，从而为店铺口碑的树立打好基础。

那么，如何向粉丝发放福利，提高粉丝的黏性呢？笔者认为，电商运营者可以适当地采取一些方式，在店铺中向粉丝发放福利，比如转发送奖品、消费满额送奖品、购物可抽奖等。当然，在向粉丝发放福利的过程中有一点需要特别注意，那就是赠送的福利要合乎粉丝的心意，只有这样，你发放的福利才能真正打动粉丝。

如图 6-12 所示为华为淘宝官方旗舰店的幸运大转盘抽奖活动，只要淘宝用户收藏店铺、购买店铺中的任意商品，即可参与抽奖。看到该活动之后，大部分淘宝用户会选择收藏店铺、进店购买商品。与此同时，部分淘宝用户可能还会将活动信息告知自己的朋友。借助该活动，华为淘宝官方旗舰店便很好地实现了引流推广、提高粉丝黏性。

图 6-12　华为淘宝官方旗舰店的幸运大转盘抽奖活动

6.3　做好售后提高整体满意度

售后服务对于口碑的打造而言，是十分关键的一个环节。很多企业不注重售后的完善和提高，因此白白流失了很多客户，同时也错失了树立口碑的大好时机。本章将详细介绍如何打造售后，从而为企业树立口碑的各种方法。

6.3.1　消除消费者的疑虑

随着现在网络购物越来越普及，很多消费者也会对其产生各种各样的疑问，比如对产品质量、色差、尺寸、品牌的怀疑，或者是对物流方面的怀疑，如是否包邮、发货时间是否拖延、物流速度慢、产品会在运输途中被损坏等。

　　而同样对于产品的售后，消费者同样也给予了十分的重视，因为售后服务关系到消费者的切身利益。因此，抖音电商运营者要做的就是让消费者放心购物，全力消除消费者对售后服务的疑虑。消费者会从各个不同的方面对售后产生顾虑，下面笔者将分别介绍。

1. 产品是否保修

　　消费者在购物时会看关于售后方面的信息，特别是购买一些大宗物品（如电脑、手机、家电）时，他们会把保修作为是否购物的影响因素。因此，当消费者提起是否保修时，客服人员要通过各种方式消除其疑虑，具体技巧如下。

　　(1) 强调企业保修功能出色；

　　(2) 讲清楚保修的相关制度。

2. 产品是否包换

　　对于一些价钱比较昂贵的产品，很多消费者都会考虑是否包换，虽然很多店铺都会对可包换的产品直接标示包换，但消费者还是放不下心。那么，要怎样才能消除顾客对产品是否包换的疑虑呢？客服人员可以重点做好两个方面的工作。

　　(1) 使用令消费者安心的语言；

　　(2) 讲明产品包换的相关规定。

3. 产品是否包退

　　除了包换，消费者在购物时还会斟酌产品是否包退的问题。有些抖音电商运营者会限定产品包退的时间范围，比如十天或者半个月；有些抖音电商运营者会因为产品本身的独特性质而不提供退货服务。

　　而无论什么情况，店铺的售后人员都应该与消费者友好交流，从而让消费者放心，具体技巧如下。

　　(1) 积极热情地面对消费者；

　　(2) 向消费者说清包退的条件。

4. 问题能否快速解决

　　因为网上购物的特殊性质，消费者在购物时无法直接感知产品的各种性能，比如质量、色差、款式等。所以消费者在拿到货物后，不可避免地会遇到各种各样的不满意，于是消费者不得不向店铺的售后人员进行咨询。

　　但很多店铺的售后服务都不尽人意，甚至是让人大失所望。所以，一般消费者都会就店铺能不能高效地处理售后问题进行斟酌。

　　那么，售后服务人员要怎样才能说服消费者，并让他们相信自己有良好的售后服务能力呢？具体技巧如下。

　　(1) 强调售后服务水平高；

(2) 举例说明售后问题的解决。

总的来说，消除消费者的疑虑既可以刺激消费者的购物需求，又可以为店铺的口碑打造提供坚实后盾，因此，各大企业和商家都要认真学习这门技巧，从而更好地吸引消费者。

6.3.2 认真解决售后问题

售后人员的主要工作就是帮助消费者解决售后问题，无论有什么事情，售后人员都应该第一时间为消费者服务。这样一来，既能增强消费者对店铺的信任，同时又能促使消费者帮助店铺树立口碑。当然，帮助消费者破解难题也需要技巧，具体如下。

(1) 面对消费者要有耐心，态度要积极；

(2) 要确认消费者的问题已经妥善解决。

需要特别注意的一点是，很多时候即便在购物过程中出现了问题，大多数消费者也不会主动向售后人员反映情况。这主要是因为一方面购买的产品价值比较低，他们觉得没有必要为了这么点东西去找客服；另一方面，他们觉得问题解决起来可能比较麻烦。

那么，要怎样更好地解决售后问题呢？笔者认为，抖音电商运营者可以重点查看消费者的评价，特别是差评。了解消费者给差评的原因，并通过问题的解决，引导消费者修改差评。如图 6-13 所示为某店铺中猕猴桃的评价，可以看到其中就有一部分消费者因为猕猴桃未熟透表达了不满的情绪。

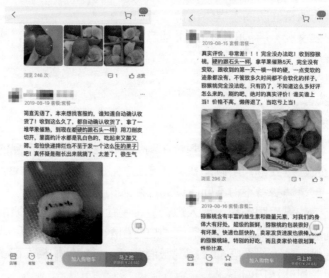

图 6-13　某店铺中猕猴桃的评价

6.3.3 给消费者一些惊喜

通过售后服务打造店铺口碑，需要消费者对店铺产生好感，而附赠一些小惊喜就是令消费者对店铺产生好感的一种有效方法。一般而言，消费者都喜欢占小便宜，因此只要给予他们些许实际优惠，他们就会对产品和企业产生好感和信任。

无论销售什么产品，都可以给消费者附赠一些小惊喜。比如化妆品，可以附赠产品小样或者化妆的小件工具；生活用品，可以附赠手工制品，虽然不值钱，但是一份真诚的心意。有的商家还会用心地附赠一份手写信，以表达对消费者的感谢以及期待其再次光临的愿望。

例如，小明最近新买了手机，于是在网上选中了一款手机壳，在与客服沟通好后就下了单。手机壳本来就物美价廉，没想到收到货打开包裹后发现店家还贴心地附赠了手机膜，这让小明觉得物超所值。于是小明立刻把这家店铺收藏了，还大力向朋友们推荐这款产品。如图6-14所示，为小明购买产品后给出的评价。

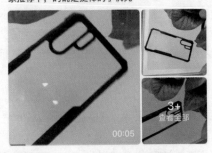

图6-14　小明对产品的评价

小明的购物经历就恰好证明了附赠惊喜的重要性。很多消费者会对商家的这种附赠小礼物的行为表示好感倍增，无论是买什么产品，消费者总是希望能够买到最实惠的，因此，收到一些小礼品会让消费者产生一种"我赚到了""这个东西买得真值"的感觉。

这些都是打造店铺口碑的形式，对于消费者来说，这些小惊喜能提升他们对产品和商家的好感度，从而会主动为店铺和产品进行宣传推广。

6.3.4 引导消费者给好评

对于网络购物而言，想要打造口碑，就需要引导消费者给出好评。如何引导消费者给出好评是一个值得深思的问题，笔者将其技巧总结如下。

- 全面认清消费者；
- 和消费者沟通，做好好评引导；
- 将消费者分类，针对不同的类型，采取不同的引导方案；
- 在提供优质服务的同时，对给出好评的消费者一些承诺，或直接给出一些福利，增加消费者给好评的意愿。

(1) 首先，全面认清顾客的目的就在于把握顾客的心理，从而避免遇到比较不好对付的顾客。那么，应该从哪些方面了解顾客呢？笔者将其大致总结为如下几点。

- 了解顾客的信用；
- 了解顾客的类型；
- 了解顾客的喜好；
- 了解顾客的性格。

(2) 其次，沟通一直以来都是解决问题的最好办法，售后服务同样也需要利用沟通来进行打造。那么，客服人员应该从哪些角度与消费者进行沟通呢？笔者将详细介绍不同情境的处理方法。

① 提前告知问题所在。

如果企业想要打造爆品，树立口碑，就要全心全意为顾客提供使其满意的产品和服务。万一有什么难处，就要提前告知顾客自己的问题，并为其提供更为可行的解决办法。

这里有两个小技巧，一是坦白承认产品的不足之处，二是用一些送福利的方式让顾客满意，比如免费赠送顾客手工礼物，或者让产品打折等。

② 了解消费者的需求。

店铺的产品要与消费者的需求和预期一致，否则消费者无法获得满足感，也就不会主动为企业宣传和推广产品和品牌。几乎所有的消费者都会对自己购买的产品产生期待，比如产品的外观如何，功能怎样等。如果产品与预期有差别，消费者就会对企业大失所望，甚至再也不会二次购物。

因此，对于商家而言，最重要的就是明白消费者对产品的需求和期望。那么，具体应该怎么做呢？笔者将其技巧总结如下。

- 从交流中获知消费者的具体需求；
- 若无法达到预期则转移到其他同款产品。

③ 提供高质量物流服务。

一般而言，消费者在网上购买了自己喜欢的产品，都会迫不及待地等待产品到达自己手中。但有些店铺物流服务做得特别差，导致消费者对其产生不良的印象。因此，抖音电商运营者要努力为消费者提供高质量的物流服务，弄清楚消费者对物流的需求，具体的解决技巧如下。

- 无法达到期望则委婉说明；
- 承诺会尽快帮消费者发货。

(3) 再次，面对不同类型的消费者，抖音电商运营者要采用不同的方式来赢得好感。只有"对症下药"，才能获得成功。笔者将针对不同类型消费者的采用方式做了大致总结，具体如下。

- 对新手顾客进行指导；
- 与苛刻顾客多交流；
- 对小气顾客多包容；
- 对贪心顾客给恩惠。

(4) 最后，就是为消费者提供优质的服务。消费者感受到服务的贴心、温暖，自然就会对企业产生好感，从而更愿意给出好评。

对于网上购物平台而言，售后人员在与消费者交流时，务必要把消费者放在第一位。其次就是一定要时刻保持活力和热情，让消费者感受到来自店铺和售后人员的真诚态度。当然，耐心也是售后服务的一大重要因素，客服人员要不厌其烦地帮助消费者解决问题，给消费者留下好印象。

总的来说，为了引导消费者给出好评，抖音电商运营者要从各种不同角度提高服务质量，无论是掌握消费者的心理，还是与其进行沟通交流，都要朝着一个方向努力，即引导消费者给出好评。这也是打造店铺口碑的必备条件之一。

6.3.5　社交引导二次消费

对于抖音电商运营者来说，要做的不应该是一锤子买卖，而应该想办法让消费者为店铺持续贡献购买力。只有想办法将消费者变成回头客，才能快速为店铺聚集人气，推动店铺健康发展。

那么，如何将消费者变成回头客呢？笔者认为其中比较有效的一种方法就是想办法将消费者拉进社群中，然后借助社交引导，促成消费者的二次消费。

如图6-15所示为某店铺的消费者群，可以在其中发布产品的优惠信息，并通过产品的巨大优惠力度，刺激消费者的消费需求，从而引导消费者进行二次消费。

图6-15　某店铺借助微信群引导二次消费

第 7 章

引流策略：快速聚集百万流量

学前提示

对于抖音电商运营者来说，要获取可观的收益，关键就在于获得足够的流量。那么，抖音电商运营者要如何实现快速引流，聚集百万流量呢？

本章笔者将从抖音引流的基本技巧、抖音平台内的引流方式和跨平台实现用户聚合等几个方面帮助大家快速聚集大量用户，实现品牌和产品的高效传播。

要点展示

- 掌握抖音引流的基本技巧
- 抖音平台内的引流方式
- 跨平台实现用户的聚合

7.1 掌握抖音引流的基本技巧

抖音引流有一些基本的技巧，掌握这些技巧之后，电商运营者的引流推广效果将变得事半功半。这一节，笔者就来对几种抖音基本引流技巧分别进行解读。

7.1.1 利用好抖音的推荐算法机制

抖音运营者发布的每一条内容，抖音审核员都可以看得到。另外，抖音平台会根据抖音视频的推荐基数（根据浏览人数、点赞和评论比例等数据设置的一个基础值）、视频播放量、点赞量、评论量、转发量、账号的资料完整度和认证情况等进行权重的计算，然后按照得分排序，决定审核的顺序。视频审核之后，会根据审核结果决定视频的推荐量。

抖音有着自己的推荐算法机制，如图 7-1 所示。如果抖音运营者想在一个平台上成功吸粉，首先就要了解这个平台的爱好，知道它喜欢什么样的内容，排斥什么内容。抖音运营者在抖音发布作品后，抖音平台对于作品会有一个审核过程，其目的就是筛选优质内容进行推荐，同时杜绝垃圾内容的展示。

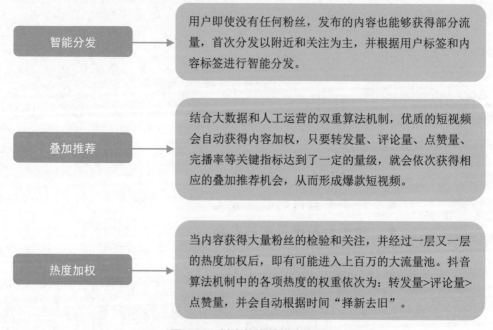

图 7-1 抖音的推荐算法机制

7.1.2　定期发送用户感兴趣的内容

抖音用户为什么要关注你，成为你的粉丝？笔者认为除了账号中相关人员的个人魅力之外，另外一个很重要的原因就是抖音用户可以从你的账号中获得他们感兴趣的内容。当然，部分粉丝关注你的账号之后，可能会时不时地查看账号内的内容。如果你的账号内很久都不更新内容，部分粉丝可能会因为看不到新的内容、账号内的内容对他的价值越来越低而选择取消关注。

因此，对于抖音电商运营者来说，定期发送用户感兴趣的内容非常关键。这不仅可以增强粉丝的黏性，还能吸引更多抖音用户成为你的粉丝。如图 7-2 所示，笔者在"优颂文化创业学堂"抖音号中便是通过定期发送用户感兴趣的内容来进行引流的。

图 7-2　发送用户感兴趣的内容

7.1.3　积极添加话题增强视频热度

话题就相当于是视频的一个标签。部分抖音用户在查看一个视频时，会将关注的重点放在查看视频添加的话题上，还有部分抖音用户在查看视频时，会直接搜索关键词或话题。

因此，如果抖音电商运营者能够在视频的文字内容中添加一些话题，便能起到不错的引流作用。在笔者看来，抖音电商运营者在视频中添加话题时，可以重点把握如下两个技巧。

（1）尽可能多地加入一些与视频中商品相关的话题，如果可以的话，在话题中指出商品的特定使用人群，增强营销的针对性；

（2）尽可能以推荐的口吻编写话题，让抖音用户觉得你不只是在推销商品，而是在向他们推荐实用的好物。

在如图7-3所示的两个案例中，便很好地运用了上述两个技巧。其中不仅加入的与视频商品相关的话题多，而且话题和文字内容中营销的痕迹比较轻。

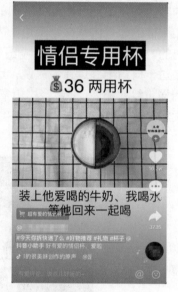

图7-3 积极添加话题增强视频热度

7.1.4 根据账号定位发布原创视频

在2.3节中对抖音短视频上热门的基本要求进行介绍时，笔者就曾对视频的原创性进行了一些说明。其实，视频的原创性不仅是上热门的一个基本要求，而且它也能起到不错的引流作用。

这一点很好理解，毕竟大多数抖音用户刷抖音就是希望能看到新奇有趣的内容，如果你的视频都是照搬他人的，抖音用户在此之前都已经看过几遍了，那么抖音用户可能只看了零点几秒就划过去了。在这种情况下，短视频获得的流量又怎么可能会很高呢？

当然，除了内容的原创性之外，发布的短视频还应该满足一个要求，那就是与账号的定位一致。这一点抖音号"手机摄影构图大全"就做得很好，该抖音号中发布的都是原创的摄影作品。如图7-4所示为抖音号"手机摄影构图大全"的部分短视频内容。

图 7-4　抖音号"手机摄影构图大全"的部分短视频内容

7.1.5　抛出诱饵吸引目标受众目光

人都是趋利的，当看到对自己有益处的东西时，人们往往都会表现出极大的兴趣。抖音电商运营者可以借助这一点，通过抛出一定的诱饵来达到吸引目标受众目光的目的。

在如图 7-5 所示的两个案例中，便是通过优惠的价格向目标受众抛出诱饵，来达到引流推广的目的的。

图 7-5　抛出诱饵吸引目标受众目光

7.2 抖音平台内的引流方式

互联网变现的公式是：流量＝金钱。因此只要你有了流量，变现就不再是难题。而如今的抖音，就是一个坐拥庞大流量的平台。用户只要运用一些小技巧，就可以吸引到相当大的流量。有了流量，可以帮你更快地做好各种项目。

7.2.1 广告引流

在抖音中有3种广告形式，这3种广告形式既是在进行广告营销，也可以让视频内容获得海量曝光和精易触达。下面，笔者就来分别进行解读。

1. Topview 超级首位

Topview 超级首位是一种由两种广告类型组成广告形式。它由两个部分组成，即前面几秒的抖音开屏广告和之后的信息流广告。

图7-6所示为小米手机的一条短视频，可以看到其一开始是以抖音全屏广告的形式展现的（左侧），而播放了几秒钟之后，就变成了信息流广告（右侧），直到该视频播放完毕。很显然，这条短视频运用的就是 Topview 超级首位。

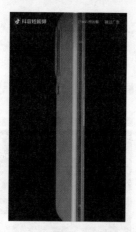

图 7-6　Topview 超级首位的运用

从形式上来看，Topview 超级首位很好地融合了开屏广告和信息流广告的优势。既可以让抖音用户在打开抖音短视频 App 的第一时间就看到广告内容，也能通过信息流广告对内容进行完整的展示，并引导抖音用户了解广告详情。

2. 开屏广告

开屏广告，顾名思义，就是打开抖音就能看到的一种广告形式。开屏广告的优势在于，抖音用户一打开抖音短视频 App 就能看到，所以广告的曝光率较高。而其缺点则体现在呈现的时间较短。因此，可以呈现的内容较为有限。图7-7

所示为开屏广告的运用案例。

按照内容的展示形式，开屏广告可细分为 3 种，即静态开屏（一张图片到底）、动态开屏（中间有图片的更换）和视频开屏（以视频的形式呈现广告内容）。品牌主可以根据自身需求，选择合适的展示形式。

3. 信息流体系

信息流体系模块就是一种通过视频传达信息的广告内容模块。运用信息流体系模块的短视频，其文案中会出现"广告"字样，而抖音用户点击视频中的链接，则可以跳转至目标页面，从而达到营销的目的。

图 7-8 所示的信息流广告的运用案例中，抖音用户只需点击短视频中的文案内容、"去体验"按钮和抖音账号头像，便可以跳转至 App 获取界面。这种模块的运用，不仅可以实现信息的营销推广，还能让软件用户的获取更加便利化。

图 7-7　开屏广告的运用

图 7-8　信息流体系的运用

7.2.2 SEO 引流

SEO 是 Search Engine Optimization 的英文缩写，中文译为"搜索引擎优化"。它是指通过对内容的优化获得更多流量，从而实现自身的营销目标。所以，说起 SEO，许多人首先想到的可能就是搜索引擎的优化，如百度平台的 SEO。

其实，SEO 不只是搜索引擎独有的运营策略。抖音短视频同样是可以进行 SEO 优化的。比如，我们可以通过对抖音短视频的内容运营，实现内容霸屏，从而让相关内容获得快速传播。

抖音短视频 SEO 优化的关键就在于视频关键词的选择。而视频关键词的选择又可细分为两个方面，即关键词的确定和使用。

1. 视频关键词的确定

用好关键词的第一步就是确定合适的关键词。通常来说，关键词的确定主要有以下两种方法。

(1) 根据内容确定关键词。

什么是合适的关键词？笔者认为，它首先应该是与抖音号的定位以及短视频内容相关的。否则，抖音用户即便看到了短视频，也会因为内容与关键词不对应而直接滑过，而这样一来，选取的关键词也就没有太多积极意义了。

(2) 通过预测选择关键词。

除了根据内容确定关键词之外，还需要学会预测关键词。抖音用户在搜索时所用的关键词可能会呈现阶段性的变化。具体来说，许多关键词都会随着时间的变化而具有不稳定的升降趋势。因此，抖音运营者在选取关键词之前，需要先预测用户搜索的关键词，下面笔者从两个方面分析介绍如何预测关键词。

社会热点新闻是人们关注的重点，当社会新闻出现后，会出现一大波新的关键词，搜索量高的关键词就叫热点关键词。

因此，抖音运营者不仅要关注社会新闻，还要会预测热点，抢占最有力的时间预测出热点关键词，并将其用于抖音短视频中。下面，笔者介绍一些预测热点关键词的方向，如图 7-9 所示。

除此之外，即便搜索同一类物品，抖音用户在不同时间段选取的关键词仍有可能会有一定的差异性。也就是说，抖音用户在搜索关键词的选择上可能会呈现出一定的季节性。因此，抖音运营者需要根据季节性，预测用户搜索时可能会选取的关键词。

值得一提的是，关键词的季节性波动比较稳定，主要体现在季节和节日两个方面，如用户在搜索服装类内容时，可能会直接搜索包含四季名称的关键词，即春装、夏装等；节日关键词会包含节日名称，即春节服装、圣诞装等。

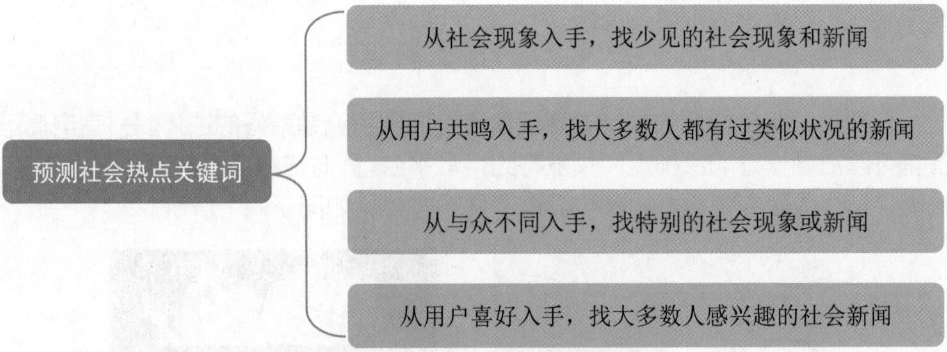

图 7-9　预测社会热点关键词

季节性的关键词预测还是比较容易的，抖音运营者除了可以从季节和节日名称上进行预测，还可以从以下方面进行预测，如图 7-10 所示。

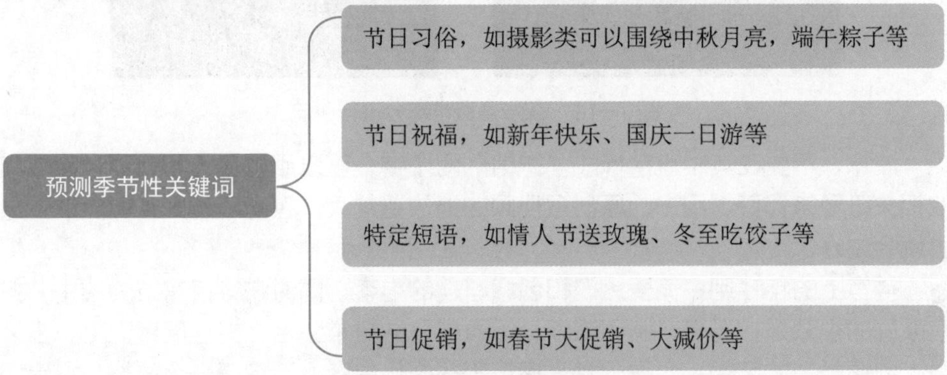

图 7-10　预测季节性关键词

2. 视频关键词的使用

在添加关键词之前，抖音运营者可以通过查看朋友圈动态、微博热点等方式，抓取近期的高频词汇，将其作为关键词嵌入抖音短视频中。

需要特别说明的是，运营者统计出近期出现频率较高的关键词后，还需了解关键词的来源，只有这样才能让关键词用得恰当。

除了选择高频词汇之外，抖音运营者还可以通过在抖音号介绍信息和短视频文案中增加关键词使用频率的方式，让内容尽可能地与自身业务直接联系起来，从而给抖音用户一种专业的感觉。

7.2.3　视频引流

视频引流可以分为两种方式进行，一是原创视频引流，二是搬运视频引流。

接下来，笔者就来分别进行说明。

1. 原创视频引流

有短视频制作能力的抖音电商运营者，原创引流是最好的选择。抖音电商运营者可以把制作好的原创短视频发布到抖音平台，同时在账号资料部分进行引流，如昵称、个人简介等地方，都可以留下联系方式，如图 7-11 所示。

图 7-11 在账号资料部分进行引流

注意，不要在其中直接标注"微信"两个字，可以用拼音简写、同音字或其他相关符号来代替。用户的原创短视频的播放量越大，曝光率越大，引流的效果也就会越好。

抖音上的年轻用户偏爱热门和创意有趣的内容，同时在抖音官方介绍中，抖音鼓励的视频是：场景、画面清晰；记录自己的日常生活，内容健康向上，多人类、剧情类、才艺类、心得分享、搞笑等多样化内容，不拘于一个风格。抖音电商运营者在制作原创短视频内容时，可以记住这些原则，让作品获得更多推荐。

2. 搬运视频引流

抖音电商运营者可以从微视、西瓜视频、快手、火山小视频以及秒拍等短视频平台，将其中的内容搬运到抖音平台上，具体方法如下。

步骤 01 先打开去水印视频解析网站，然后打开要搬运的视频，并把要搬运视频的地址复制到解析网站的文本框内，然后点击"解析视频"按钮，解析完成后即可下载，从而得到没有水印的视频文件。如图 7-12 所示，为抖音短视频去水印在线解析网站。

步骤 02 然后用格式工厂或 inshot 视频图片编辑软件，对视频进行剪辑和修改，改变视频的 MD5 值，即可得到"伪原创"的视频文件。

步骤 03 最后把这个搬运来的视频上传到抖音，同时在抖音账号的资料部分进行引流，以便粉丝添加。

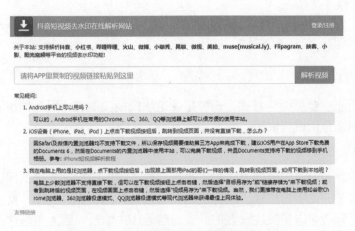

图 7-12 抖音短视频去水印在线解析网站

7.2.4 直播引流

直播对于抖音电商运营者来说意义重大，一方面，抖音电商运营者可以通过直播销售商品，获得收益；另一方面，直播也是一种有效的引流方式。只要抖音用户在直播的过程中点击"关注"按钮，抖音用户便会自动成为抖音账号的粉丝。

如图 7-13 所示，在某个电商直播中，抖音用户只需要点击界面左上方账名称和头像所在的位置，界面中便会弹出一个账号详情对话框。如果抖音用户点击对话框中的"关注"按钮，原来"关注"按钮所在的位置将显示"已关注"。此时，抖音用户便通过直播关注了该直播所在的抖音账号。

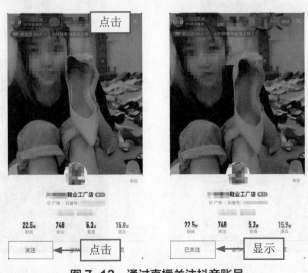

图 7-13 通过直播关注抖音账号

除此之外，抖音用户在直播界面中还有一种更方便的关注方法，那就是直接点击直播界面左上方的"关注"按钮。

7.2.5 评论引流

评论引流主要有两种方式，一种是评论热门视频引流，另一种是回复用户评论引流。下面分别进行说明。

1. 评论热门视频引流

精准粉丝引流法主要通过去关注同行业或同领域的相关账号，评论他们的热门作品，并在评论中打广告，给自己的账号或者产品引流。例如，卖女性产品的抖音电商运营者可以多关注一些护肤、美容等相关账号，因为关注这些账号的粉丝大多是女性群体。

抖音电商运营者可以到"网红大咖"或者同行发布的短视频评论区进行评论，评论热门作品引流主要有两种方法。

- 直接评论热门作品：特点是流量大、竞争大。
- 评论同行的作品：特点是流量小但是粉丝精准。

例如，做瘦身产品的电商运营者，可以在抖音搜索瘦身、减肥类的关键词，找到很多同行的热门作品，如图 7-14 所示。抖音电商运营者只需要在热门视频中评论用过自己的产品之后的良好效果，其他抖音用户就会对产品表现出极大的兴趣。如图 7-15 所示为某酸奶销售者在热门瘦身视频中的评论。

图 7-14　搜索瘦身类视频

图 7-15　某酸奶销售者的评论

抖音电商运营者可以将这两种方法结合一起做，同时注意评论的频率。还有，评论的内容不可以千篇一律，不能带有敏感词。

评论热门作品引流法有两个小诀窍，具体方法如下。

- 用小号到当前热门作品中去评论，评论内容可以写：想看更多精彩视频请点击 @ 你的大号。另外，小号的头像和个人简介等资料，都是用户能第一眼看到的东西，因此要尽量给人很专业的感觉。

- 直接用大号去热门作品中回复：想看更多好玩视频请点我。注意，大号不要频繁进行这种操作，建议一小时内去评论 2 ~ 3 次即可，太频繁的评论可能会被系统禁言。这么做的目的是直接引流，把别人热门作品里的用户流量引入到你的作品里。

2. 回复用户评论引流

抖音短视频的评论区，基本上都是抖音的精准受众，而且都是活跃用户。抖音电商运营者可以先编辑好一些引流话术，话术中带有联系方式。在自己发布的视频的评论区回复其他人的评论，评论的内容直接进行引流，如图 7-16 所示。

图 7-16 抖音评论区人工引流

7.2.6 矩阵引流

抖音矩阵是指通过同时做不同的账号运营，来打造一个稳定的粉丝流量池。道理很简单，做一个抖音号也是做，做 10 个抖音号也是做，同时做可以为你带来更多的收获。打造抖音矩阵基本都需要团队的支持，至少要配置 2 名主播、1

个拍摄人员、1 个后期剪辑人员以及 1 个推广营销人员,从而保证多账号矩阵的顺利运营。

抖音矩阵的好处很多,首先可以全方位地展现品牌特点,扩大影响力;而且还可以形成链式传播来进行内部引流,大幅度提升粉丝数量。

例如,笔者便是借助抖音矩阵打造了多个用户,且每个抖音号都拥有一定数量的粉丝,如图 7-17 所示。

图 7-17　笔者的抖音矩阵打造

抖音矩阵可以最大限度地降低多账号运营风险,这和投资理财强调的"不把鸡蛋放在同一个篮子里"的道理是一样的。多个账号一起运营,无论是在做活动还是在引流吸粉都可以达到很好的效果。但是,在打造抖音矩阵时,还有很多注意事项,具体如下。

(1) 注意账号的行为,遵守抖音规则;

(2) 一个账号一个定位,每个账号都有相应的目标人群;

(3) 内容不要跨界,小而美的内容是主流形式。

这里再次强调抖音矩阵的账号定位,这一点非常重要,每个账号角色的定位不能过高或者过低,更不能错位,既要保证主账号的发展,也要让子账号能够得到很好的成长。

7.2.7　私信引流

抖音支持"发信息"功能,一些粉丝可能会通过该功能给用户发信息,用户可以时不时看一下,并利用私信来进行引流,如图 7-18 所示。

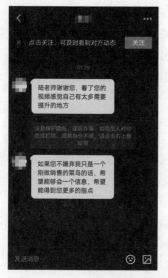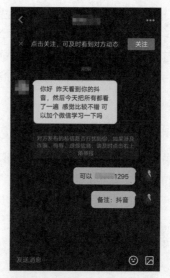

图 7-18 利用抖音私信消息引流

7.2.8 互推引流

这里的互推和上面的互粉引流玩法比较类似，但是渠道不同，互粉主要通过社群来完成，而互推则更多的是直接在抖音上与其他用户合作，来互推账号。在账号互推合作时，抖音电商运营者还需要注意一些基本原则，这些原则可以作为我们选择合作对象的依据，具体如下。

(1) 粉丝的调性基本一致；

(2) 账号定位的重合度比较高；

(3) 互推账号的粉丝黏性要高；

(4) 互推账号要有一定数量的粉丝。

不管是个人号还是企业号，在选择要合作进行互推账号时，同时还需要掌握一些账号互推的技巧，其方法具体如下。

个人号互推技巧：

(1) 不建议找那些有大量互推的账号；

(2) 尽量找高质量、强信任度的个人号；

(3) 从不同角度去策划互推内容，多测试；

(4) 提升对方账号展示自己内容的频率。

企业号互推技巧：

(1) 关注合作账号基本数据的变化，如播放量、点赞量、评论转发量等；

(2) 找与自己内容相关的企业号，以增加用户的精准程度；

(3) 互推的时候要资源平等，彼此能够获得相互的信任背书。

随着抖音在人们生活中出现的频率越来越高，它已不仅仅是一个短视频社交工具，同时也成了一个重要的商务营销平台，通过互推，别人的人脉资源也能很快成为你的人脉资源，长久下去，互推会极大地拓宽你的人脉圈。有了人脉，还怕没生意吗？

7.2.9　转发引流

抖音中有分享转发功能，抖音电商运营者可以借助该功能，将抖音短视频转发至对应的平台，从而达到引流的目的。那么，如何借助抖音的分享转发功能引流呢？接下来，笔者就对具体的操作步骤进行说明。

步骤 01　登录抖音短视频 App，进入需要转发视频的播放界面，点击 按钮，如图 7-19 所示。

步骤 02　操作完成后，弹出"私信给"对话框。在该对话框中，抖音电商运营者可以选择转发分享的平台。下面，以转发给微信好友为例进行说明。此时，抖音电商运营者需要做的就是点击对话框中的"微信好友"按钮，如图 7-20 所示。

步骤 03　操作完成后，播放界面中将显示短视频"正在保存到本地"，如图 7-21 所示。

图 7-19　点击 按钮

图 7-20　点击"微信好友"按钮

步骤 04　短视频保存完毕后，将弹出"已保存至相册"对话框，点击对话框中的"继续分享到微信"按钮，如图 7-22 所示。

图 7-21　显示短视频"正在保存到本地"

图 7-22　弹出"已保存至相册"对话框

步骤 ⑤ 进入微信 App，选择需要转发短视频的对象，如图 7-23 所示。

步骤 ⑥ 进入微信聊天界面，点击 ⊕ 按钮；在弹出的对话框中选择"照片"选项，如图 7-24 所示。

图 7-23　选择需要转发短视频的对象

图 7-24　选择"照片"选项

步骤 ⑦ 进入"所有照片"界面，选择需要转发的抖音短视频；点击"发送"按钮，如图 7-25 所示。

步骤 ⑧ 操作完成后，如果微信聊天界面中显示需要转发的抖音短视频，就说明抖音短视频转发成功了，如图 7-26 所示。

图 7-25 "所有照片"界面

图 7-26 显示需要转发的短视频

抖音短视频转发完成后,微信好友只需点击微信聊天界面中的短视频,便可以在线播放短视频。如图 7-27 所示为微信中抖音短视频的播放界面,可以看到,短视频播放时会显示抖音号。微信好友如果对分享的短视频感兴趣,想获取更多短视频,可以搜索抖音号查看其他短视频,这便很好地起到了引流的作用。

图 7-27 微信中抖音短视频的播放界面

7.2.10 电子邮件引流

电子邮件推广,指的是将视频通过邮件的方式分享给特定的好友。使用这种方式推广,更加具有针对性,能实现一对一的视频交流,确保了视频的保密性和安全性。

关于短视频的电子邮件推广，在很多短视频 App 上都可完成，在此，以抖音为例，介绍如何一键分享短视频，具体过程如下。

步骤 ①① 在短视频页面，点击 ➡️ 按钮，如图 7-28 所示。弹出"分享到"窗格，点击"更多分享"按钮，如图 7-29 所示。

图 7-28 点击"分享"按钮 　　图 7-29 点击"更多分享"按钮

步骤 ②② 执行操作后，跳转到相应窗格，点击"电子邮件"按钮，如图 7-30 所示；进入 Mail 页面，如图 7-31 所示，登录邮箱并设置相关信息，即可完成短视频的分享和推广操作。

图 7-30 点击"电子邮件"按钮 　　图 7-31 登录邮箱并设置相关信息

将视频通过邮件的方式发送给亲朋好友，虽然是有针对性、准确性地将视频发送给想要发送的人，但是，已经发出去的邮件是无法撤回的，即使是自己将它删除别人依然能收到。所以，抖音电商运营者在通过邮件发送视频的时候，一定要认真仔细地选择好收件人。

7.3　跨平台实现用户的聚合

除了在抖音内进行引流之外，抖音电商运营者还可以通过跨平台引流，实现内容的广泛传播，获取更多目标用户。这一节，笔者就来重点介绍抖音电商运营者需要重点把握的 7 大跨界引流平台。

7.3.1　微信引流

微信平台引流主要可以从两个方面进行，一是公众号引流，二是朋友圈引流。下面笔者就来分别进行说明。

1. 公众号引流

微信公众号，从某一方面来说，就是一个个人、企业等主体进行信息发布并通过运营来提升知名度和品牌形象的平台。抖音电商运营者如果要选择一个用户基数大的平台来推广短视频内容，且期待通过长期的内容积累构建自己的品牌，那么微信公众平台是一个理想的传播平台。

在微信公众号上，抖音电商如果想要借助短视频进行推广，可以采用多种方式来实现。然而，使用最多的方式有两种，即"标题 + 短视频"形式和"标题 + 文本 + 短视频"形式。图 7-32 所示为微信公众号借助短视频进行推广的案例。

然而不管采用哪一种形式，都是能清楚地说明短视频内容和主题思想的推广方式。且在借助短视频进行推广时，也并不局限于某一个短视频的推广，如果抖音电商运营者打造的是有着相同主题的短视频系列，还可以把视频组合在一篇文章中联合推广，这样更能有助于受众了解短视频及其推广主题。

2. 朋友圈引流

朋友圈平台，对于抖音电商运营者来说，虽然一次传播的范围较小，但是从对接收者的影响程度来说，却是具有其他一些平台无法比拟的优势，具体如下。

(1) 用户黏性强，很多人每天都会去翻阅朋友圈；

(2) 朋友圈好友间的关联性、互动性强，可信度高；

(3) 朋友圈用户多，覆盖面广，二次传播范围大；

(4) 朋友圈内转发和分享方便，易于短视频内容传播。

图 7-32　微信公众号借助短视频进行推广的案例

那么，在朋友圈中进行抖音短视频推广，抖音电商运营者该注意什么呢？在笔者看来，有 3 个方面是需要重点关注的，具体分析如下。

(1) 抖音电商运营者在拍摄视频时要注意开始拍摄时画面的美观性。因为推送到朋友的视频，是不能自主设置封面的，它显示的就是开始拍摄时的画面。当然，运营者也可以通过视频剪辑的方式保证推送视频"封面"的美观度。

(2) 抖音电商运营者在推广短视频时要做好文字描述。因为一般来说，呈现在朋友圈中的短视频，好友看到的第一眼就是其"封面"，没有太多信息能让受众了解该视频内容，因此，在短视频之前，要把重要的信息放上去，如图 7-33 所示。这样的设置，一来有助于受众了解短视频，二来可以吸引受众点击播放。

(3) 抖音电商运营者利用短视频推广商品时要利用好朋友圈评论功能。朋友圈中的文本如果字数太多，是会被折叠起来的，为了完整展示信息，运营者可以将重要信息放在评论里进行展示，如图 7-34 所示，这样就会让浏览朋友圈的人看到推送的有效文本信息。这也是一种比较明智的推广短视频的方法。

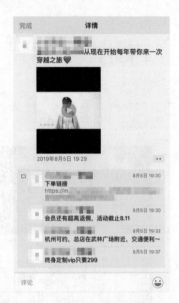

图 7-33 做好重要信息的文字表述　　图 7-34 利用好朋友圈的评论功能

7.3.2　QQ 引流

腾讯 QQ 有两大推广利器：一是 QQ 群；二是 QQ 空间。我们先来看看 QQ 群如何做推广引流。

无论是微信群还是 QQ 群，如果没有设置"消息免打扰"的话，群内任何人发布信息，群内其他人是会收到提示信息的。因此，与朋友圈和微信订阅号不同，通过微信群和 QQ 群推广短视频，可以让推广信息直达受众，受众关注和播放的可能性也就更大。

且微信群和 QQ 群内的用户都是基于一定目标、兴趣而聚集在一起的，因此，如果运营者推广的是专业类的视频内容，那么可以选择这一类平台。

另外，相对于微信群需要推荐才能加群而言，QQ 明显更易于添加和推广。目前，QQ 群分出了许多热门分类，抖音电商运营者可以通过查找同类群的方式加入，然后再通过短视频进行推广。QQ 群推广方法主要包括 QQ 群相册、QQ 群公告、QQ 群论坛、QQ 群共享、QQ 群动态和 QQ 群话题等。

就如利用 QQ 群话题来推广短视频一样，运营者可以通过相应人群感兴趣的话题来引导 QQ 群用户的注意力。如在摄影群里，可以首先提出一个摄影人士普遍感觉比较有难度的摄影场景，引导大家评论，然后运营者再适时分享一个能解决这一摄影问题的短视频。这样的话，有兴趣的一定不会错过。

　　QQ 空间是短视频运营者可以充分利用起来的一个好地方。当然，运营者首先应该建立一个昵称与短视频运营账号相同的 QQ 号，这样才能更有利于积攒人气，吸引更多人前来关注和观看。下面就为大家具体介绍 7 种常见的 QQ 空间推广方法，具体如下。

　　(1) QQ 空间链接推广：利用"小视频"功能在 QQ 空间发布短视频，QQ 好友可以点击查看；

　　(2) QQ 认证空间推广：订阅与产品相关的人气认证空间，更新动态时可以马上评论；

　　(3) QQ 空间生日栏推广：通过"好友生日"栏提醒好友，引导好友查看你的动态信息；

　　(4) QQ 空间日志推广：在日志中放入短视频账号的相关资料，更好地吸引受众的关注度；

　　(5) QQ 空间说说推广：QQ 签名同步更新至说说上，用一句有吸引力的话激起受众的关注；

　　(6) QQ 空间相册推广：很多人加 QQ 都会查看相册，所以，相册也是一个很好的引流工具；

　　(7) QQ 空间分享推广：利用分享功能分享短视频信息，好友点击标题即可进行查看。

7.3.3 微博引流

　　在微博平台上，运营者进行短视频推广，原因除了微博用户基数大外，主要还是依靠两大功能来实现其推广目标，即"@"功能和热门话题。

　　首先，在进行微博推广的过程中，"@"这个功能非常重要。在博文里可以"@"明星、媒体、企业，如果媒体或名人回复了你的内容，就能借助他们的粉丝扩大自身的影响力。若明星在博文下方评论，则会受到很多粉丝及微博用户关注，那么短视频定会被推广出去。

　　图 7-35 所示为"李宁运动时尚"通过"@"某明星来推广短视频和产品以及吸引用户关注的案例。

　　其次，微博"热门话题"是一个制造热点信息的地方，也是聚集网民数量最多的地方。抖音电商运营者要利用好这些话题，推广自己的短视频，发表自己的看法和感想，提高阅读和浏览量。

图 7-35 "李宁运动时尚"通过"@"吸引用户关注的案例

7.3.4 百度引流

作为中国网民经常使用的搜索引擎之一,百度毫无悬念地成为互联网 PC 端强劲的流量入口。具体来说,抖音电商运营者借助百度推广引流主要可从百度百科、百度知道和百家号这 3 个平台切入。接下来,笔者分别对这 3 个方面进行解读。

1. 百度百科

百科词条是百科营销的主要载体,做好百科词条的编辑对抖音电商运营者来说至关重要。百科平台的词条信息有多种分类,但对于抖音电商运营者引流推广而言,主要的词条形式包括 4 种,具体如下。

(1) 行业百科。抖音电商运营者可以以行业领头人的姿态,参与到行业词条信息的编辑,为想要了解行业信息的用户提供相关行业知识。

(2) 企业百科。抖音电商运营者所在企业的品牌形象可以通过百科进行表述,例如奔驰、宝马等汽车品牌,在这方面就做得十分成功。

(3) 特色百科。特色百科涉及的领域十分广阔,例如,名人可以参与自己相关词条的编辑。

(4) 产品百科。产品百科是消费者了解产品信息的重要渠道,能够起到宣传产品,甚至是促进产品使用和产生消费行为的作用。

对于抖音电商运营者引流推广而言,相对比较合适的词条形式无疑是企业百科。图 7-36 所示为百度百科中关于"可口可乐"的相关内容,其采用的便是企业百科的形式。在该百科词条中，"可口可乐"这个名称多次出现，这便很好地增加了可口可乐这个品牌的曝光率。

图 7-36 "可口可乐"的企业百科

2. 百度知道

百度知道在网络营销方面具有很好的信息传播和推广作用。利用百度知道平台，通过问答的社交形式，可以对抖音电商运营者快速、精准地定位客户有很大帮助。百度知道在营销推广上具有两大优势：精准度和可信度高。这两种优势能形成口碑效应，对网络营销推广来说显得尤为珍贵。

通过百度知道来询问或作答的用户，通常对问题涉及的东西有很大兴趣。比如，有的用户想要了解"有哪些饮料比较好喝"，部分饮料爱好者可能就会推荐自己喜欢的饮料，提问方通常也会接受推荐去试用。

百度知道是网络营销的重要方式，因为它的推广效果相对较好，能为企业带来直接的流量和有效的外链接。基于百度知道而产生的问答营销，是一种新型的互联网互动营销方式，问答营销既能为抖音电商运营者植入软性广告，同时也能通过问答来推广潜在用户。图 7-37 所示为关于"耐克"的相关问答信息。

图 7-37　"耐克"在百度知道中的相关问答信息

上面这个问答信息中，不仅增加了"耐克"在用户心中的认知度，更重要的是对该品牌的几种标志进行了简要的介绍。而看到该问答之后，部分用户便会对耐克这个品牌产生一些兴趣，这无形之中便为该品牌带来了一定的流量。

3. 百家号

百家号是百度旗下的一个自媒体平台，于 2013 年 12 月份正式推出。抖音电商运营者入驻百度百家平台后，可以在该平台上发布文章，然后平台会根据文章阅读量的多少给予运营者收入，与此同时百家号还以百度新闻的流量资源作为支撑，能够帮助运营者进行文章推广、扩大流量。

百家号上涵盖的新闻有 5 大模块，即科技、影视娱乐版、财经版、体育版和文化版。且百度百家平台排版十分清晰明了，用户浏览新闻非常方便。在每个新闻模块的左边是该模块的最新的新闻，右边是该模块新闻的相关作家和文章排行。

值得一提的是，除了对品牌和产品进行宣传之外，抖音电商运营者还可以通过内容的发布，从百家号上获得一定的收益。总的来说，百家号的收益主要来自于三大渠道，具体如下。

(1) 广告分成：百度投放广告盈利后采取分成形式；

(2) 平台补贴：包括文章保底补贴和百＋计划、百万年薪作者的奖励补贴；

(3) 内容电商：通过内容中插入商品所产生的订单量和佣金比例来计算收入。

7.3.5 今日头条引流

今日头条是一款基于用户数据行为的推荐引擎产品，同时也是短视频内容发布和变现的一个大好平台，可以为消费者提供较为精准的信息内容。虽然今日头条在短视频领域布局了 3 款独立产品（西瓜视频、抖音短视频、火山小视频），但同时也在自身 App 推出了短视频功能，从流量、内容和体验 3 个方面打造短视频营销生态圈，具体如下。

（1）流量：注重创意互动和智能算法；

（2）内容：精品化、探索细分领域垂直内容；

（3）体验：支持沉浸式组件和断点播放。

1. 如何发布短视频

通过今日头条平台也可以直接拍摄和发布短视频，下面介绍具体的操作方法。

步骤 01 登录今日头条 App，点击右上角的"发布"按钮，如图 7-38 所示。

步骤 02 进入"拍摄"界面，可以点击下方的圆形按钮直接进行拍摄，也可以从相册中选择保存在本地的视频进行发布。如果选择保存在本地的视频进行发布，需要点击"拍摄"界面中的"相册"按钮，如图 7-39 所示。

图 7-38 点击"发布"按钮

图 7-39 "拍摄"界面

步骤 03 执行操作后，进入如图 7-40 所示的"相册"界面，选择需要发布的视频；点击"下一步"按钮。

步骤 04 执行操作后，抖音电商运营者可以查看视频内容，确认无误后，点击"下一步"按钮，如图 7-41 所示。

图 7-40　"相册"界面　　　　图 7-41　点击"下一步"按钮

步骤 05 执行操作后，进入如图 7-42 所示的"发布"界面，编辑文字内容（如果不想编辑，也可跳过这一步）；点击"发布"按钮。

步骤 06 执行操作后，运营者发布的短视频就会出现在"推荐"界面中，如图 7-43 所示。

图 7-42　"发布"界面　　　　图 7-43　视频出现在"推荐"界面中

2. 短视频如何赚钱

今日头条短视频的变现方式主要有两种，即平台的流量分成和打造个人

IP。流量分成很好理解，今日头条的短视频收益是根据播放量来决定的，因此抖音电商运营者要想通过今日头条的短视频发布获取收益，就需要努力提高作品的推荐量和阅读量等数据，如图7-44所示为今日头条的相关数据分析。

图7-44　今日头条数据分析

在今日头条后台的"收益分析"页面中，即可看到具体的视频收益金额，如图7-45所示。优质视频原创头条号可以申请开通视频原创标签，让作品匹配给更多精准的人群，提高视频的推荐量和播放量。毕竟播放量越高、阅读量越高，今日头条就可以散发更多的广告，而作者也可以赚到更多的钱。

图7-45　今日头条收益分析

7.3.6　视频平台引流

相比文字图片而言，视频在表达上更为直观、丰满，而随着移动互联网技术的发展，手机流量等因素的阻碍越来越少，视频成为时下最热门的领域。借助这股东风，爱奇艺、优酷、腾讯视频、搜狐视频等视频网站获得了飞速发展。

随着各种视频平台的兴起与发展，视频营销也随之兴起，并成为广大企业进行网络社交营销常采用的一种方法。小程序运营者可以借助视频营销，近距离接触自己的目标群体，将这些目标群体开发为自己的客户。

视频背后庞大的观看群体，对网络营销而言就是潜在用户群，而如何将这些视频平台的用户转化为店铺或品牌的粉丝，才是视频营销的关键。对于抖音电商运营者来说，最简单、有效的视频引流方式便是在视频网站上传与品牌和产品相关的短视频。

下面，就以爱奇艺为例进行说明。爱奇艺是一个以"悦享品质"为理念的、创立于 2010 年的视频网站。在短视频发展如火如荼之际，爱奇艺也推出了信息流短视频产品和短视频业务，加入了短视频发展领域。

一方面，在爱奇艺 App 的众多频道中，有些频道就是以短视频为主导的，如大家喜欢的资讯、热点和搞笑等。另一方面，它专门推出了爱奇艺纳逗 App，这是一款基于个性化推荐的、以打造有趣和好玩资讯为主的短视频应用。

当然，在社交属性、娱乐属性和资讯属性等方面各有优势的短视频，爱奇艺选择了它的发展方向——娱乐性。无论是爱奇艺 App 的搞笑、热点频道，还是爱奇艺纳逗 App 中推荐的以好玩、有趣为主格调的短视频内容，都能充分地体现出来。

而对于抖音电商运营者来说，正是因为爱奇艺在某些频道上的短视频业务偏向和专门的短视频 App 开发，让他们找到了借助抖音短视频进行推广的平台和渠道。同时，爱奇艺作为我国 BAT 三大视频网站之一，有着巨大的用户群体和关注度，因而如果以它为平台进行短视频运营推广，通常可以获得不错的效果。

如图 7-46 所示为君乐宝芝士酸奶在爱奇艺上发布的一则广告视频的截图，该广告不仅插入部分影视剧的开头，还单独作为一个视频放置在爱奇艺中。而通过该视频在爱奇艺平台的推广，君乐宝芝士酸奶的知名度无疑也得到了有效的提高。

图 7-46　君乐宝芝士酸奶在爱奇艺上发布的一则广告视频

7.3.7 音频平台引流

音频内容的传播适用范围更为多样，跑步、开车甚至工作等多种场景，都能在悠闲时收听音频节目。音频相比视频来说，更能满足人们的碎片化需求。对于自媒体电商运营者来说，利用音频平台来宣传电商平台和抖音账号，是一条很好的营销思路。

音频营销是一种新兴的营销方式，它主要以音频为内容的传播载体，通过音频节目运营品牌、推广产品。随着移动互联的发展，以音频节目为主的网络电台迎来了新机遇，与之对应的音频营销也进一步发展。音频营销的特点具体如下。

(1) 闭屏特点。闭屏的特点能让信息更有效地传递给用户，这对品牌、产品推广营销而言更有价值。

(2) 伴随特点。相比视频、文字等载体，音频具有独特的伴随属性，它不需要视觉上的精力，只需双耳在闲暇时收听即可。

下面，笔者就以"蜻蜓 FM"为例进行说明。"蜻蜓 FM"是一款强大的广播收听应用，用户可以通过它收听国内、海外等地区数千个广播电台。而且"蜻蜓 FM"相比其他音频平台，具有如下功能特点。

(1) 跨地域。连接数据的环境下，可以全球广播自由选。

(2) 免流量。可以通过硬件 FM 免流量收听本地电台。

(3) 支持点播。新闻、音乐、娱乐、有声读物等自由点播。

(4) 内容回听。不再受直播的限制，错过的内容可以回听。

(5) 节目互动。用户通过"蜻蜓 FM"可以与喜欢的主播实时互动。

在"蜻蜓 FM"平台上，用户可以直接通过搜索栏寻找自己喜欢的音频节目。对此，抖音电商运营者只需根据自身内容，选择热门关键词作为标题便可将内容传播给目标用户。如图 7-47 所示，笔者在"蜻蜓 FM"平台搜索"餐饮"后，便出现了多个与之相关的节目。

图 7-47 "蜻蜓 FM"中"餐饮"的搜索结果

抖音电商运营者应该充分利用用户碎片化需求，通过音频平台来发布产品信息广告，音频广告的营销效果相比其他形式广告要好，向听众群体的广告投放更为精准。而且，音频广告的运营成本也比较低廉，十分适合中小企业长期推广。

　　例如，做餐饮的抖音电商运营者，可以与"美食"相关的音频节目组合作，因为这些节目通常有大批关注美食的用户收听，广告的精准度和效果会非常好。

第 8 章

爆品打造：批量制造网红商品

学前提示

对于抖音电商运营者来说，产品的销量直接关系到自身的收入。也就是说，如果能够将产品打造成爆品，便可以获得较为可观的收入。

那么如何打造爆品，批量化地制造网红商品呢？本章笔者将从爆品制造的关键点、精准占领目标市场和借助营销引爆销量这 3 个方面分别进行解读。

要点展示

- 爆品制造的关键点
- 精准占领目标市场
- 借助营销引爆销量

8.1　爆品制造的关键点

种类繁多、形形色色的产品，难得出一个爆品。对于抖音电商运营者来说，爆品的打造首先就是要把握好制造爆品的关键点，这里的关键点包括找准用户针对营销、满足需求直击痛点、及早入场抢占心智、提高颜值留好眼缘等。这些要素是打造爆品的重要环节，必不可少。

8.1.1　找准用户针对营销

打造一款成功的爆品，关键的一点就是——找准用户进行针对营销。作为爆品的设计者，你要清楚地了解你的消费者是谁。不仅如此，你最好还能生动形象地描述出消费者的各种特性以及其喜欢的生活状态，并在此基础上针对消费者的特性及其喜欢的生活状态进行营销。

那么，应该如何找准目标用户呢？方法有两种，一种是根据年龄来分段，另一种是按照兴趣爱好来划分，下面依次介绍。

1. 根据年龄分段

营销与人密不可分，研究营销之前一定要先了解人。因此，打造爆品也少不了对消费者心理的掌控。根据年龄来分段的要点具体如下。

(1) 消费者的划分范围为 5 岁；

(2) 与 5 岁范围内的消费者深入交流；

(3) 花几分钟时间形容消费者。

提供给客户"对症下药"的商品是很有必要的，举个例子，同样是面膜，不同年龄段的消费者对其功能的需求可能会不尽相同。20 岁左右的消费者可能比较需要护肤补水型的面膜，而 40 岁左右的消费者则可能更需要抗衰老型的面膜。此时，我们需要做的就是根据消费者的需求进行有针对性的推销。

在营销当道的时代，为了寻找到特定的目标消费群体，了解他们独有的消费需求，就应该学会为不同类型的消费者提供相对应的产品或服务。如果不这么做，就很难找准受众，那么，打造爆品也就成为了空谈。

因此，要学会根据年龄分段去明确目标消费群体，而不是盲目地打造产品。你可以利用这些群体年纪相仿的特性，找到他们相似的地方，即"共性"。然后根据他们的共同特征，尝试着就他们感兴趣的事物进行交流。如此一来，你就能准确把握他们的想法和需求，从而打造出受人欢迎的爆品。

2. 按照兴趣爱好划分

按照兴趣爱好或需求来划分的消费者通常与年龄无关。比如很多人跨越年龄的鸿沟，彼此成为要好的朋友，只因为他们有相同的兴趣爱好。

比如喜欢电影的人，无论是 80 后、还是 90 后都喜欢去电影院看电影，因为他们都是喜欢享受影院氛围的人群。所以说，"物以类聚，人以群分"还是有它的道理。因此，按照兴趣爱好划分消费人群有效打破了年龄的限制，让不同年龄的人对同一种产品情有独钟。

例如，喜欢小米手机的可能是喜欢创新的科技爱好者；喜欢特斯拉汽车的可能是时尚家、创业达人。由此不难看出，相同类型的人对品牌的喜爱是建立在共同的兴趣爱好上的，这与年龄阶段的关系不大。而我们需要明确的是，打造成功的爆品就需要抓住消费者的特点，从而找准目标消费群体，进行针对营销。

例如，一款健康、营养价值比较高的核桃油虽然质量很好，而且价格也不是特别贵，但一直找不到营销的好办法，其销售状况令人担忧。于是企业对消费人群进行了调查研究，制定了相关的解决方案，具体如下。

(1) 卖油之前先卖核桃，更符合消费者心意；

(2) 缩小目标范围，击中消费者的痛点；

(3) 设计消费场景，打动消费者的心。

无论销售什么产品，都应该对消费者进行目标锁定，可以按照年龄阶段划分，也可以根据兴趣爱好区别，总之要找准目标消费群体。这样的话，我们就可以顺利地找到他们的消费需求，从而更好地进行有针对性的营销。

8.1.2 满足需求直击痛点

如何成为爆品？第一要素是满足消费者的诉求。做好产品营销有两点颇为重要，一是抓住部分消费者，二是满足消费者真实需求。

为了满足受众的强需求，首先要找到部分消费者的真实需求，笔者将这个寻找的过程总结为三大步骤，具体如下。

步骤 1：找到包含部分消费者的市场；

步骤 2：亲自体验消费的过程；

步骤 3：挑出产品和消费过程中的不足，并进行改进。

以某地区种植的一款有机米为例，为了将产品推销出去，销售者一开始将其定位为绿色、健康的食品，并强调此产品对人的身体有数不清的好处。而且该产品所指向的可食用人群跨度十分大，从宝宝到中老年人群都可以食用。不过，这款有机米的定价不是很亲民，因为产品定位偏于高端。

这种营销方法没有获得成功，虽然企业在广告投放方面花了大价钱，但销售业绩却没有得到相应的回报。那么，这家企业的营销到底哪儿出错了呢？笔者将其总结为 3 大误区，具体如下。

(1) 目标受众跨度太大；

(2) 定价不太恰当；

(3)"有机"并不是强需求。

而最终为了将这款有机米推销出去，企业找到了两大解决方法，即集中关注部分消费者，将目标定位为5岁以下的孩子；挖掘部分消费者强需求，将部分孩子奶粉过敏，且肠胃功能弱作为主要消费群体。并在此基础上，特地取了贴切而生动的名字——"宝宝米"。

在通过电视广告打造品牌的时代，企业和商家都在强调卖点的重要性，即产品的优势及特征。与卖点不同，痛点强调的是消费者的诉求和体验，主要是从消费者自身出发的。

比如，小米击中了大多数消费者觉得智能手机价格太高的痛点，支付宝、微信支付解决了很多人觉得带现金出门麻烦的痛点。而打造爆品的重点就在于能够准确击中消费者的痛点。

以一款免熨衬衫为例，为了击中消费者的痛点，首先就应该找到并总结归纳所有普通衬衫的痛点，具体如下。

(1) 熨衬衫的次数太多很麻烦；

(2) 普通衬衫没有定制的尊贵感；

(3) 现有的免熨衬衫价格太贵；

(4) 衬衫颈部的标签易引起过敏。

第二步就是根据这些痛点，对这款免熨衬衫进行包装和设计，全面击中消费者的痛点，使其成为爆款产品。

总之，痛点就是通过对人性的挖掘全面解析产品和市场；痛点就潜藏在消费者的身上，需要你去探索和发现；痛点就是正中消费者的下怀，使他们对产品和服务产生渴望和需求。

8.1.3　及早入场抢占心智

在打造爆品的时候，比对手先下手就意味着拥有了赢在起跑线上的优势。在互联网发展得如火如荼的时代，不仅要把握好内容打造和发布的速度，还要以"快"来指导产品对市场的占领。除此之外，抢先一步占领消费者的心智和头脑也很重要。

消费者的心智和头脑综合起来就是其对产品的看法和定位。通俗一点说，就是消费者脑海里浮现出某个名称、品种、观点、事物的时候，最先想到的品牌和产品，比如：大自然的搬运工——农夫山泉；我的眼里只有你——娃哈哈纯净水；送礼就送——脑白金等。

那么，为什么要抢占消费者对产品的定位呢？主要有两个原因：一是消费者接受的信息太多太杂，如果不能抢占消费者对产品的定位，将难以在消费者心中留下深刻的印象；二是消费者需要的产品多数有品牌，如果你的产品不能抢占消费者对产品的定位，那么你的产品将很难与这些品牌竞争。

因此，爆品打造者需要比对手更早进场，全面且深入地占领消费者的心智和头脑，稳稳扎根于消费者之中。以某有机辣酱为例，这是一款时尚、新鲜的有机产品，其产品特色包括无转基因、无农药和无化肥。

不妨把它与传统的辣酱相对比，就会发现这款辣酱的不足与优势所在，如表8-1所示。

表8-1 某有机辣酱与传统辣酱的比较

辣酱类别	优 点	缺 点
传统辣酱	比较开胃、保质期长	太油腻、口味重
某有机辣酱	香而不腻、辣而少油、健康营养	冷藏储存、保质期短、开罐7日内即食

面对这样的状况，该有机辣酱为了成为爆品，努力深挖产品特质，即新鲜和有机绿色。于是"鲜"就成了该有机辣椒酱的主打，连该品牌的微博头像都竭力突出一个"鲜"字。

值得注意的是，比对手更早入场不能太过急躁，不能为了打造爆品而犯如下这些错误。

(1) 无限扩大抢占目标受众的范围；

(2) 用广告获得消费者对产品的认可。

8.1.4 提高颜值留好眼缘

在这个"颜值"当道的时代，无论是人还是产品，都十分注重"颜值"。美的事物是人人都会追求的，因此，"颜值"高的产品往往都能在第一眼就把消费者吸引住，从而变成人人都爱的爆品。

作为爆品，如果没有美丽大方的外观，是很难成功的。问题的关键是消费者为什么那么关注外观呢？产品"颜值"的重要性又体现在哪里呢？笔者将其大致总结为3点，具体如下。

(1) 初次印象举足轻重；

(2) "颜值"高就是优势；

(3) "颜值"高才能更好地被展示。

如何对产品的"颜值"进行检测，使其达到高"颜值"的标准，从而成为爆品呢？首先是测验的方法，主要分为自测法与他测法。自测法就是自行打造高颜值的产品，如产品颜色以纯色为主或者趋于简洁、产品线条比较流畅、潮流时尚的产品外形设计等；而他测法则是从其他地方测试产品的颜值，如征集新的消费者对产品颜值的意见、让网友对产品颜值进行点评、把产品与其他同类型产品进行比较等。

然后就是应该如何提升"颜值"，这对于产品的"颜值"来说是十分重要的问题。笔者将其总结为 3 点，具体如下。

(1) 了解出色的设计作品；

(2) 学习并加上创新元素；

(3) 聘请专业的设计团队。

可以说，产品有了高"颜值"，再加上其他方面的优势，想要成为爆品绝不是一件难事，毕竟高"颜值"的事物都是深受消费者喜爱的。

8.1.5　展现让人惊叫的点

一个产品拥有让人尖叫的优势，意思就是能够为消费者提供良好的消费体验，让消费者在使用产品的过程中对产品和其相关服务产生的一种认知和感受，这种体验的好坏直接影响了消费者是否会对产品产生好感，从而进行二次购买。

很多企业和商家都无法提供让消费者满意的消费体验，原因就在于他们没有很好地发挥出自己的优势，又或者没有仔细站在消费者的角度为其考虑。那么，爆品的成功打造为什么要展现优势，替消费者考虑呢？笔者将原因总结为如下3 点。

(1) 用户体验决定产品或服务的价值；

(2) 用户体验决定其是否值得传播；

(3) 用户体验决定是否进行二次购买。

以某品牌服饰店为例，它不仅全面体现出了自身优势，还全心全意为消费者考虑，做到了把消费者的体验放在第一位。比如特别注重产品的细节方面带给消费者的体验，以店铺中一款女式衬衣为例，在产品的设计上，尤其专注于细节方面的打造，具体内容如下。

(1) 简洁的领口设计，注重舒适体验；

(2) 绑带的镂空设计，注重时尚体验；

(3) 不规则的下摆设计，注重个性体验。

该品牌对产品的细心打造为消费者提供了优质的体验，因此赢得了不少消费者的好评和认同。

为消费者提供优质的体验需要倾注全部的心血，不仅如此，还要学会从消费者的角度出发，为消费者考虑，知道他们需要什么样的产品和服务，才能打造出令人喜爱，受人欢迎的爆品。

8.1.6 根据需求定位产品

许多生产厂家的一贯思路就是先进行产品定位，然后根据产品定位进行营销，将产品推销给目标消费者。这种营销方式虽然能够提高营销的针对性，但是，因为市场中同类型的产品比较多，难以打造产品的特色，所以，产品通常很难达到比较理想的营销效果。

其实，如果能够转换一下思路，就可能获得意想不到的效果。比如，生产厂家可以根据消费者的需求定位产品，找到消费者需求较为强烈而市场又相对缺乏的产品，打造具有特色的产品。

例如，夏季到了，天气炎热，许多人在家里都是吹空调和风扇，但是，外出的时候空调和普通风扇是无法随身携带的。于是，部分厂家联合抖音电商运营者推出了手持小风扇，并将其可随身携带的特点进行重点营销。

该产品推出来之后，受到了消费者的热烈欢迎。图 8-1 所示为某店铺手持小风扇的销售界面，可以看到其月销量便超过了 15 万。

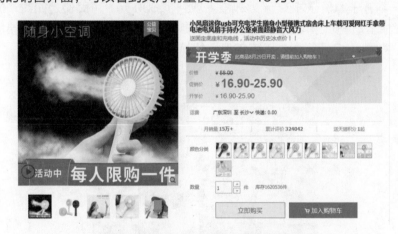

图 8-1　某店铺手持小风扇的销售界面

8.1.7 设计产品营销体系

怎样对产品进行营销才能更好地打造爆品？笔者个人认为，抖音电商运营者可以重点从如下 4 个方面设计产品营销体系，全面地对产品进行营销，在提高产品知名度的同时，刺激消费者的购买需求。

（1）产品（或服务）。消费者购买的是产品（或服务），因此对于抖音运营者来说，如何根据产品进行营销，让消费者看到产品的特色和优势非常关键。毕竟，对于相对理性的消费者来说，只有他们认为自己需要的产品（或服务），才会选择进行购买。

(2)品牌。对于部分消费者来说,产品的品牌是做出购买决定的重要参考因素。因为在他们看来,知名度高、口碑好的品牌,其旗下的产品往往更容易让人放心。对此,抖音电商运营者在进行营销时,一方面可以将品牌的知名度和口碑作为一个宣传重点,另一方面也需要想办法提高品牌的知名度和口碑,增强品牌的信服力。

(3)价格。产品的价格一直以来都是消费者购买产品时的重要参考因素之一。如果产品具有价格优势,抖音电商运营者便可以将其作为一个营销重点,吸引消费者进店消费。

(4)渠道。一般情况下,营销的渠道越多,营销的效果通常就会越好。对此,抖音电商运营者可以结合抖音平台和电商平台,以及各大新媒体平台进行营销,提高产品的传达率和知名度。

8.1.8 获得价值和情感认同

有一款杯子原价是 199 元,却被人炒到了 600 元。可即便是如此,仍有部分消费者肯花钱购买。看到这里,相信部分读者已经知道笔者说的就是星巴克猫爪杯了。如图 8-2 所示为星巴克猫爪杯外观图。

图 8-2　星巴克猫爪杯

看到这款杯子的外形,许多人可能会觉得它不过就是外观有些特别的杯子罢了,卖 199 元都算很贵了,卖到 600 元还有人买简直就是一件无法理解的事。然而,这件看似不可能的事就是发生了。

那么,星巴克猫爪杯为什么卖这么贵还有人买呢?在笔者看来主要还是因为它获得了消费者的价值和情感认同。

一方面,星巴克是一个知名的品牌,而该款杯子又是限量的。所以,它在许多经常喝星巴克饮品的消费者心中代表的就是无可估量的价值。这与明星签名有相似之处，在普通人看来，它可能并没有太大的价值，但是，对于粉丝来说，只要能拿到，花一些钱也是可以接受的。

另一方面，该杯子中的猫爪形满足了"猫奴们"的情感需求。在"猫奴们"看来，只要是与猫相关的产品，便多了一层情感附加值。再加上该款杯子颜值相对较高，所以，许多人会愿意将其购回家，哪怕只是放在家里欣赏。

8.2 精准占领目标市场

产品的打造有赖于各方面的共同作用，为了通过产品的打造来实现企业口碑的树立，就应该做好产品定位、细分找切入点和抓住长尾市场等方面精准占领目标市场。在移动互联网时代，产品的打造环节更为复杂，但又更加快速，这也决定了企业和产品应该通过精准占领目标市场，打造爆品。

8.2.1 做好产品定位

利用产品打造来树立口碑、精准占领目标市场，首先需要明确的是如何对产品进行定位。产品定位的意思，具体而言就是根据消费者或者消费市场的诉求来设计相对应的产品，使得消费者得到满足。

在对产品进行定位之后，就会对产品的设计以及宣传的方法进行相关的定型，这样的话，将大大有利于产品口碑的打造。可以说，产品定位决定了产品的口碑，如果一个产品的定位不准确，那么它的口碑很难树立起来，自然也就无法精准占领目标市场了。

那么，具体应该如何对产品定位呢？下面笔者将详细介绍利用产品定位进行口碑打造、精准占领目标市场的相关要点。

1. 以产品定位为中心

想要利用产品定位树立企业的良好口碑，从而精准占领目标市场，最重要的就是营销不能脱离定位。虽然很多企业给产品的正确定位，但他们往往会忽略产品定位与营销之间的联系，从而酿成"事倍功半"的后果，纯属金钱和时间的双重浪费。那么，我们要明确的就是，在对一个产品进行定位时，需要考虑哪些因素呢？笔者将其大致总结为如下几点。

(1) 产品外观的设计；

(2) 主要面向的消费群体；

(3) 产品具备的主要功能。

如果企业已经确定了产品的定位，就应该把口碑营销的设计与产品的定位相结合。在进行营销时，也不能忽视产品定位考虑的因素，切记一切都要以产品定位为中心，如此才能打造企业的口碑。

2. 添上消费者喜爱的因素

企业在对产品定位时，一般都会对其目标消费人群进行锁定，也就是在产品诞生之前或诞生之初就会想着要把产品主要销售给谁。在明确了目标消费人群之后，为了能够更有把握吸引他们，企业最明智的做法就是在产品中加入消费者喜爱的因素，比如美观的包装、实用的功能等。

当然，在营销的过程中也要有意强调这些特别的因素，有效引起目标消费人群的兴趣，让他们为产品而折服，从而使得企业和产品的口碑打造变得更加容易。

以华为 FreeLace 蓝牙运动耳机为例，这款产品主要面向热爱运动的消费人群。在设计前，企业的研发团队就注意到，随着社会竞争的不断加剧，一些人特别是年轻人喜欢通过运动的方式来减压，在运动的过程中少不了音乐的陪伴，但一些耳机都不是很适合运动时使用，而这款蓝牙运动耳机就是专门为运动人群量身打造的。

3. 把产品做到极致

想要对产品的定位进行扩展，获得更多消费者的喜爱和支持，就要保证产品的质量和功能。因为只有质量能够达标，功能实用且丰富，才能更加有效地吸引消费者，从而打造良好口碑。

因此，最好的办法就是把产品做到极致，让产品自己强大起来，这样一来就能利用定位增添底气，拓宽范围，而不仅仅局限于小部分消费人群。

以小米公司为例，它在诞生之初就是以"为发烧而生"为基本原则，意思就是要把产品做到最好。小米在"死磕极致"的道路上一直坚持着，为消费者带来了一款又一款充满惊喜的产品，其创始团队本身对数码有着深厚的兴趣，因此坚守原则，只为科技本身。

小米公司的成功定位，促使小米的发展越来越好，同时也大力推动了口碑营销，获得了电子产品爱好者和科技痴迷者的追捧和支持，从而为企业树立了口碑。

8.2.2 细分找切入点

在进行产品打造之前，需要通过细分市场找到产品的切入点，只有这样，才能精准地占领消费者市场。那么，在对市场进行细分的时候，需要注意哪些问题呢？笔者将其总结为以下几点。

(1) 给产品定好位；

(2) 给市场进行分类；

(3) 明确企业和店铺的发展方向。

为了找到产品打造的切入点，更好地吸引消费者的注意力，企业要在市场的细分上下大功夫。一方面要注意了解市场的动态和趋势，另一方面要让企业的产品跟上市场的步伐和布局，做到精准出击，一触即发。

有些企业在一头雾水、思绪混乱时就开始对产品进行打造，但实际上这种做法的效率不高，因为企业打造出来的产品没有针对性，往往与市场的需求不对口。因此，企业需要做的就是细分市场，把自己的产品与市场的需求结合在一起，不求大求多，只求精且有效。

如此一来，就能打造出正中消费者下怀的产品，得到消费者的大力认同和支持，从而树立起牢固的口碑。

比如某文化公司为了打造好产品，对市场进行了有效细分，专注于微信公众号的运营这一个单点，并由此衍生出多个精品，形成了口碑。如《微信公众营销：赚钱技巧＋人气打造＋运营方案＋成功案例》《微信公众号运营：数据精准营销＋内容运营＋商业变现》《微信公众号运营：微信群的组建、吸粉和营销》等作品，都是通过对微信营销进行深度挖掘的优秀书籍。

对于市场的细分一定要重视，不然只会导致产品与市场的错位，从而浪费很多资源。为了节省时间和资源，打造最佳效果的产品，细分市场、精准出击才是正确的选择。总之，要注重各方面细节，做到谨小慎微、一丝不苟。

8.2.3 抓住长尾市场

产品的打造一是要有个性，二是要抓住长尾。市场需求大致可以分为两类，一类是主流的需求，这部分需求被称为头部需求；另一类则是相对个性化的、小众的需求，这部分需求被称为尾部需求。

大多数抖音电商运营者在给产品定位时，想的可能是提供大多数人都能用的产品。殊不知，这样的产品，做的人往往也是比较多的。而那些需求较少的，也就是我们说的长尾需求，却往往容易被人忽略。其实，只要抓住了长尾需求，小众的产品也能创造出巨大的价值。

在产品的打造过程中，可以通过产品的特色更好地吸引消费者。打个最简单的比方，如果一个长相平平、没有任何特点的人走在人群当中，肯定不会引起多少人的关注；但如果是一个长得漂亮或者是丑陋的人，就会使得别人多看几眼。在这里，"漂亮"和"丑陋"就是人拥有的特色，产品也是如此。

那么，在打造产品的时候，应该如何给产品注入特色呢？笔者将其方法总结为以下几点。

(1) 外观设计要新颖；

(2) 功能要有亮点；

(3) 宣传方式要独特。

由此可见，为产品注入特色不仅是从产品本身入手，还要兼顾产品的营销过程。因为打造产品的目的是赢得消费者的喜爱，并获得口碑的顺利树立，因此，任何方面都不能忽视。

至于抓住长尾，我们不妨以亚马逊为例，它有部分产品十分热销，同时，它也懂得抓住剩下的市场，因为其他产品加起来的销量与热销的产品份额差不多，这就是"长尾效应"，也是一种打造口碑的巧妙途径。

为了树立企业的口碑，产品的个性是绝对不能放松的，这是关键。当然，为了最大限度地得到消费者的认可，也要学会抓住长尾，做到头尾两不误。

8.2.4　对比突出优势

打造产品还可以借助比衬这一行之有效的方法。如果想要通过产品的打造来赢得市场口碑，吸引消费者的购买力，也可以借助别的知名品牌的名气。通俗地说，就是借势为自己的产品打广告，做宣传。

一般而言，这种方法是为新兴企业打响自己的品牌而量身定做的，因为单单靠抖音电商运营者自身的力量而被消费者熟知，并快速地树立起企业的口碑，是一件充满挑战性的事情。

因此，抖音电商运营者一方面要保障产品的质量，另一方面也要学会借由比衬突出自身。那么，具体要怎么做呢？下面笔者将详细介绍比衬这一具体的操作方法。

1. 产品兼顾质量和特色

虽然是利用其他品牌来进行比衬，但企业切记自身产品的质量要有保障，具体要做到"三要"，即要有品质、要有个性、要有亮点。

如果产品自身的产品毫无特色，而且质量又不过关，那么借助比衬突出的就是产品的缺点和不足，效果只会适得其反。反之，产品将会利用自己的独特优势获得消费者的赞同，从而迅速树立口碑。

以小米为例，其良好的功能和美观的设计一直被消费者所喜爱，同时也经常与苹果相比衬。众所周知，苹果手机一直以来是行业中的佼佼者，其功能和外观是相当出色的，那么，小米的优势在哪儿呢？笔者认为其最为显著的优势当属极高的性价比，同样是功能相近的智能手机，小米手机的价格往往要比苹果低得多，这也是许多人成为"米粉"（小米粉丝）的重要原因。

2. 与知名品牌作比较

在选择别的企业作为比衬参考的时候，要有相应的标准，不能随意乱找，敷衍了事，因为你选择的对比对象，也将影响你自身的高度。具体来说，选择的比称对象要满足以下 3 个条件。

(1) 市场业绩要高；

(2) 声誉要好；

(3) 知名度要高。

选择这样的"靠谱"对象进行比衬，对于企业和店铺本身来说是比较有利的，因为大品牌往往已经形成了固定的消费群体和强大的影响力，借助大品牌的势头能够快速吸引消费者的关注，从而打造口碑，更精准地占领目标市场。

3. 不能一味地贬低别人

在通过比衬来突出自身品牌时，切忌不能走偏。比衬的实质是借势，而不是通过贬低别人而抬高自己，这是一种极其错误，甚至可以说是卑劣的行为。在比衬的过程中需要明确的有两点：一是比衬不等于"否定"；二是比衬时不能恶意诽谤。

有些企业在比衬的过程中没有找对方向或者没有把握好尺度，就会走入"歧途"，做出对其他品牌不利的事情，比如故意抹黑、雇佣水军等。这样做带来的结果只会让企业陷入困境，严重的话，可能会使得企业元气大伤。

不管怎样，如果想要通过比衬这种方式博得更多关注，打造口碑，就应该把好产品质量关，寻找正确的比衬参考，以便突出自身产品的特有优势。只有这样，才能吸引众多消费者的眼球，继而得到他们的喜爱和追捧。

当然，抖音电商运营者也要明确比衬需要注意的相关事项，以免走向错误的方向，无法取得理想的结果。

8.2.5 赋予精神力量

产品从某种角度来讲，也会给人带来一种精神的力量，比如激励、积极、阳光等。这些都是由于在产品打造过程中，为产品加入了"鸡汤"的元素。一款产品设计的好坏可能会左右人的情绪，使人心情愉悦的产品需要具备以下几种要素。

(1) 看：美观的外形；

(2) 吃：可口的味道；

(3) 听：动听的音乐；

(4) 用：实用的功能。

因为企业打造的产品功能都相差无几，所以很多时候消费者将注意力集中放在了情感和精神方面。那么，应该如何给产品注入正面的能量，给产品浇上"鸡汤"呢？笔者将详细进行介绍。

1. 注重产品细节和外观

其实，给产品浇上"鸡汤"从外观设计上来体现就是把产品打造得美观大方，而且要注重产品细节的打磨，带给消费者一种美的感受，提供给消费者最优质的产品体验，让其感受到产品积极的精神。

以 OPPO Reno 10 倍变焦版巴萨限量版手机为例，其外形让人过目不忘，独特的色彩碰撞和亮眼的标志相结合，使得消费者为其心动和着迷。如图 8-3 所示为 OPPO Reno 10 倍变焦版巴萨限量版。

图 8-3　OPPO Reno 10 倍变焦版巴萨限量版

OPPO Reno 10 倍变焦版巴萨限量版手机的外观设计是令人惊艳的，同时也带给消费者一种明朗、积极的感觉，以至于该款手机获得了大量的关注，还没有发行就已经引起消费者的热烈讨论。

这些都是企业为产品浇上"鸡汤"的体现，同时这些带有"鸡汤"的产品也让消费者感受到了正能量的洗礼，心情更加愉快。

2. 为产品添加文化内涵

在给产品浇上"鸡汤"时，需要注意的不仅仅是外观设计，产品传达的内涵和文化也需要加点"鸡汤"。这样一来，消费者只要一看到产品，就会自动联想到企业和产品独有的内涵，从而充满力量，不再感到彷徨。这就是给产品内涵加"鸡汤"的要义。

以华为打造的荣耀系列手机为例，它就添加了"鸡汤"的成分，而且在营销过程中还主动推出了"勇敢做自己"的宣传片对产品进行推广，吸引了广大年轻群体的目光，也传递了荣耀手机所含有的积极向上的精神。

3. 展示传统文化的精华

在给产品浇上"鸡汤"时，可以把传统文化中的精华部分也结合进来，这样的话，既可以赋予产品更深厚的含义，也可以助力优秀传统文化的继承和发扬。一个产品如果与优秀传统文化挂钩，就很有可能打动消费者的心，并迅速树立企业的口碑。

以知名白酒品牌"孔府家酒"为例，它就成功地在产品和营销手段上浇上了"传统文化"的鸡汤，其具体的做法如下。

(1) 产品名字带有"家"字；

(2) 广告语"孔府家酒，叫人想家"；

(3) 推出"回家篇"广告。

"孔府家酒"在产品中巧妙地融入了"家"的优秀传统文化，唤起了无数消费者对家的记忆和想念，成功把品牌文化和大众的普遍情感相结合，从而使得消费者对产品产生一种特别的情感，为产品打造了坚不可摧的口碑。

4. 推出"鸡汤"广告

要想给产品浇上"鸡汤"，除了对产品进行加工外，还可以通过打造消费者的专属广告来传递积极向上的精神。这是一种旁敲侧击的方法，它的好处就在于让品牌推广不那么生硬，而是无限贴近消费者的真实状态，从而使得消费者变得能量满满，为企业的文化和品牌所折服。

那么，为消费者量身打造的"鸡汤"广告，展示的内容大致有哪些呢？笔者将其总结为以下几点。

(1) 励志，激励人前进；

(2) 表现家庭亲情；

(3) 发扬社会公益精神。

需要注意的是，"鸡汤"广告虽然能带给消费者正能量，但也要注意不能无限度地使用，要与产品附带的"鸡汤"相结合，才能达到最好效果。

总的来说，为产品浇上"鸡汤"是帮助产品精准占领市场的有效方法，既可以为企业和店铺树立口碑，也可以推动产品销量的提高，可谓两全其美。

8.3　借助营销引爆销量

在当今社会，酒香还怕巷子深，如果不能掌握一定的营销方法，即便是再好的事物，可能也难以为人所知，也就更不用说变现赚钱了。

抖音电商运营者要想将产品前景和"钱景"握在手中，借助营销引爆销量，还得掌握一些必要的营销方法。

8.3.1 活动营销：快速吸引用户目光

活动营销是指整合相关的资源，策划相关的活动，从而卖出产品、提升企业和店铺形象和品牌的一种营销方式。通过营销活动的推出，能够提升客户的依赖度和忠诚度，更利于培养核心用户。

活动营销是各种商家最常采用的一个营销方式，常见的活动营销的种类包括抽奖营销、签到营销、红包营销、打折营销和团购营销等。许多店铺通常会采取"秒杀""清仓""抢购"等方式，以相对优惠的价格吸引用户购买产品，增加平台的流量。

如图 8-4 所示为某店铺中卫生卷纸的"淘抢购"界面。其通过举办优惠活动进行产品销售，实际上便是典型的活动营销。

图 8-4 某店铺中卫生卷纸的"淘抢购"界面

活动营销的重点往往不在于活动这个表现形式，而在于活动中的具体内容。也就是说，抖音电商运营者在做活动营销时需要选取用户感兴趣的内容，否则，可能难以收到预期的效果。

对此，抖音电商运营者需要将活动营销与用户营销结合起来，以活动为外衣，把用户需求作为内容进行填充。比如，当用户因商品价格较高不愿下单时，可以通过发放满减优惠券的方式，适度让利，以薄利获取多销。

8.3.2 饥饿营销：限量提供引发抢购

饥饿营销属于常见的一种营销战略，但是，要想采用饥饿营销的策略，首先还需要产品有一定的真实价值，并且品牌在大众心中有一定的影响力，否则，目标用户可能并不会买账。饥饿营销实际上就是通过降低产品供应量，造成供不应求的假象，从而形成品牌效应、快速销售产品。

饥饿营销运用得当产生的良好效果是很明显的，对店铺的长期发展十分有利。图 8-5 所示为某微波炉蒸烤箱的饥饿营销相关界面，其便是通过极低的价格销售较为有限的数量的方式，使有需求的消费者陷入疯狂的抢购。

微波炉蒸烤箱一体

立省150元送礼包

¥998
¥**499**

马上抢

已抢购22%　　　　已抢106件

图 8-5　微波炉蒸烤箱的饥饿营销相关界面

对于抖音电商运营者来说，饥饿营销主要可以起到两个作用。一是获取流量，制造短期热度。比如，在微波炉蒸烤箱的此次秒杀活动中，受价格的影响，大量消费者将涌入该产品的购买页面。二是增加认知度，随着此次秒杀活动的开展，许多用户一段时间内对品牌的印象加深，品牌的认知度获得提高。

8.3.3　事件营销：结合热点推销商品

事件营销就是借助具有一定价值的新闻、事件，结合自身的产品特点进行宣传、推广，从而达到产品销售目的的一种营销手段。运用事件营销引爆产品的关键就在于结合热点和时势。

以"垃圾分类"的热门话题为例，随着话题的出现，紧接着一大批明星名人也迅速加入话题讨论，使其成为网络一大热点。许多厂家和店铺看到该事件之后，推出了垃圾分类包，如图 8-6 所示。

该垃圾分类包推出之后，借助"垃圾分类"这个热点事件，再加上该产品在抖音等平台的疯狂宣传，该垃圾分类包的知名度大幅度提高，随之而来的是大量消费者涌入店铺，产品成交量快速增加。

综上所述，事件营销对于打造爆品十分有利，但是，事件营销如果运用不当，也会产生一些不好的影响。因此，在事件营销中需要注意几个问题，如事件营销要符合新闻法规、事件要与产品有关联性、营销过程中要控制好风险等。

图 8-6　垃圾分类包

　　事件营销具有几大特性，分别为重要性、趣味性、接近性、针对性、主动性、保密性、可引导性等。这些特性决定了事件营销可以帮助产品变得火爆，从而成功达到提高产品销量的效果。

8.3.4　口碑营销：用好评率刺激消费

　　在互联网时代，消费者很容易受到口碑的影响，当某一事物受到主流市场推崇时，大多数人都会对其趋之若鹜。对于抖音电商运营者来说，口碑营销主要是通过产品的口碑，进而通过好评带动流量，让更多消费者出于信任购买产品。

　　常见的口碑营销方式主要包括经验性口碑营销、继发性口碑营销和意识性口碑营销，接下来，笔者就来分别进行简要的解读。

1. 经验性口碑

　　经验性口碑营销主要是从消费者的使用经验入手，通过消费者的评论让其他用户认可产品，从而产生营销效果。如图 8-7 所示，为某店铺中某商品的评论界面。

　　随着电商购物的发展，越来越多的人开始养成这样一个习惯，那就是在购买某件产品时一定要先查看他人对该物品的评价，以此对产品的口碑进行评估。而店铺中某件商品的总体评价较好时，产品便可凭借口碑获得不错的营销效果。

　　比如，在下面这幅图中，绝大多数用户都是直接给好评，该商品的综合评分更是达到了 4.9 分。所以，当某一用户看到这些评价时，可能会认为该产品总体比较好，并在此印象下将之加入购物清单，而这样一来，产品便借由口碑将营销变为了"赢销"。

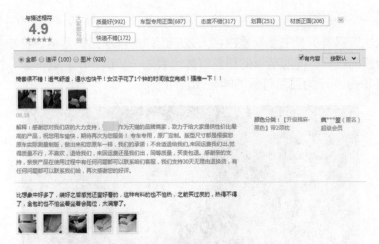

图 8-7 某店铺用户发布的商品评论

2. 继发性口碑

继发性口碑的来源较为直接，就是消费者直接在抖音平台和电商平台上了解相关的信息，从而逐步形成的口碑效应，这种口碑往往来源于抖音平台和电商平台上的相关活动。

以"京东"为例，在该电商平台中，通过"京东秒杀""大牌闪购""品类秒杀"等活动，给予消费者一定的优惠。所以，"京东"便借助这个优势在消费者心中形成了口碑效应。图 8-8 所示为"京东秒杀"的相关界面。

图 8-8 "京东秒杀"的相关界面

3. 意识性口碑

意识性口碑营销，主要就是由名人效应延伸的产品口碑营销，往往由名人的名气决定营销效果，同时明星的粉丝群体也会进一步提升产品的形象，打造产品品牌。图 8-9 所示为百事可乐的明星代言海报。

图 8-9　百事可乐的明星代言海报

相比于其他推广方式，请明星代言的优势就在于，明星的粉丝很容易"爱屋及乌"，在选择产品时，有意识地将自己偶像代言的品牌作为首选，有的粉丝为了扩大偶像的影响力，甚至还会将明星的代言内容进行宣传。

口碑营销实际上就是借助从众心理，通过消费者的自主传播，吸引更多消费者购买产品。在此过程中，非常关键的一点就是消费者好评的打造。毕竟当新用户受从众心理的影响进入店铺之后，要想让其进行消费，要先通过好评获得用户的信任。

8.3.5　品牌营销：实现名气销量齐飞

品牌营销是指企业通过向消费者传递品牌价值来得到消费者的认可和肯定，以达到维持稳定销量、获得良好口碑的目的。通常来说，品牌营销需要企业倾注很大的心血，因为打响品牌不是一件容易的事情，市场上生产产品的企业和商家千千万万，能被消费者记住和青睐的却只有那么几家。

因此，如果企业想要通过品牌营销的方式来引爆产品，树立口碑，就应该从一点一滴做起，日积月累，坚持不懈，如此才能齐抓名气和销量，赢得消费者的青睐和追捧。

品牌营销可以为产品打造一个深入人心的形象，然后让消费者对品牌下的产品趋之若鹜，成功打造爆品。品牌营销需要有相应的营销策略，如品牌个性、品牌传播、品牌销售和品牌管理，以便让品牌被消费者记住。

以丹麦的服装品牌ONLY为例，其品牌精神为前卫、个性十足、真实、自信等，很好地诠释了其产品的风格所在。同时，ONLY利用自身的品牌优势在全球开设了多家店铺，获得了丰厚的利润，赢得了众多消费者的喜爱。

ONLY的品牌营销也是一步一步从无到有摸索出来的，它也是依靠自己的努力慢慢找到品牌营销的窍门，从而打造出受人欢迎的爆品。

那么，品牌营销的优势究竟有哪些呢？笔者将其总结为4点，具体如下。

(1) 有利于满足消费者需求；

(2) 有利于提升企业水平；

(3) 有利于企业与其他对手竞争；

(4) 有利于企业效率的提高。

品牌营销的优势不仅对企业有利，而且对爆品的打造也同样适用，总之，一切都是为了满足消费者的需求。

8.3.6　借力营销：借外力为推广增益

借力营销属于合作共赢的模式，主要是指借助于外力或别人的优势资源，来实现自身的目标或者达到相关的效果。比如，抖音电商运营者在产品的推广过程中存在自身无法完成的工作，但是其他人擅长这一方面的工作，就可以通过合作达成目标。

在进行借力营销时，抖音电商运营者可以借力于3个方面的内容，具体如下。

(1) 品牌的借力：借助其他知名品牌，快速提升品牌和店铺的知名度和影响力；

(2) 用户的借力：借助其他平台中用户群体的力量，宣传店铺及其产品；

(3) 渠道的借力：借助其他企业擅长的渠道和领域，节省资源、打造共赢。

图8-10所示为可口可乐借力优酷视频进行营销的相关画面。该品牌的相关人员通过将视频上传至优酷视频的方式，借助视频将优酷视频的用户变为品牌和产品的宣传对象，从而增加品牌和产品的宣传力度和影响范围。

借力营销能获得怎样的效果，关键在于借力对象的影响力。所以，在采用借力营销策略时，抖音电商运营者应尽可能地选择影响力大，且包含大量目标用户的平台，而不能抱着广泛撒网的方式到处去借力。

这主要有两个方面的原因。首先，抖音电商运营者的时间和精力是有限的，这种广泛借力的方式对于大多数抖音电商运营者来说明显是不适用的。其次，盲目地借力，而不能将信息传递给目标消费者，结果很可能是花了大量时间和精力，却无法取得预期的效果。

图 8-10　可口可乐借力优酷视频营销

第 9 章

高效变现：轻松实现年赚百万

学前提示

　　为什么要做抖商？对于这个问题，许多人最直接的想法可能就是借助抖音赚到一桶金。

　　确实，抖音是一个潜力巨大的市场。但是，它同时也是一个竞争激烈的市场。所以，要想在抖音中变现，轻松赚到钱，抖商还得掌握一定的变现技巧。

要点展示

- 用商品或服务变现
- 借助粉丝力量变现
- 利用 IP 影响力变现

9.1　用商品或服务变现

对于抖音电商运营者来说，抖音最直观、有效的盈利方式当属用商品或服务变现了。借助抖音平台销售产品或服务，只要有销量，就有收入。具体来说，用产品或服务变现主要有 4 种形式，即：自营店铺直接卖货、帮人卖货赚取佣金、开设课程招收学员和有偿服务获取收益，本节将分别进行解读。

9.1.1　自营店铺直接卖货

抖音短视频最开始的定位是一个方便用户分享美好生活的平台，而随着商品分享、商品橱窗功能等的开通，抖音短视频开始成为一个带有电商属性的平台，并且其商业价值也一直被外界所看好。

对于拥有淘宝等平台店铺和开设了抖音小店的抖音运营者来说，通过自营店铺直接卖货无疑是一种十分便利、有效的变现方式。抖音电商运营者只需在商品橱窗中添加自营店铺中的商品，或者在抖音短视频中分享商品链接，其他抖音用户便可以点击链接购买商品，如图 9-1 所示。而商品销售出去之后，抖音电商运营者便可以直接获得收益了。

图 9-1　点击链接购买商品

9.1.2　帮人卖货赚取佣金

抖音短视频平台的电商价值快速提高，其中一个很重要的原因就是随着精选联盟的推出，抖音用户即便没有自己的店铺，也能通过帮他人卖货赚取佣金。也就是说，只要抖音账号开通了商品橱窗和商品分享功能，便可以通过引导销售获得收益。

当然，在添加商品时，抖音电商运营者可以事先查看每单获得的收益。以女装类商品为例，抖音电商运营者可以直接搜索女装，查看相关产品每单可获得的收益。如果想要提高每单可获得的收益，还可以点击"佣金"按钮，让商品按照每单可赚取的收益进行排列，如图9-2所示。

图9-2　添加商品时查看每单的收益

商品添加完成之后，抖音用户点击商品橱窗中的商品或短视频的商品链接，购买商品，抖音电商运营者便可以按照给出的佣金获得收益了。佣金获取之后，只需进行提现操作，即可拿到收益。

9.1.3　开设课程招收学员

对于部分自媒体和培训机构来说，可能自身是无法为消费者提供实体类的商品。那么，是不是对于他们来说，抖音短视频平台的主要价值就是积累粉丝、进行自我宣传的一个渠道呢？

很显然，抖音短视频平台的价值远不止如此，只要自媒体和培训机构拥有足够的干货内容，同样是能够通过抖音短视频平台获取收益的。比如，可以在抖音短视频平台中通过开设课程招收学员的方式，借助课程费用赚取收益。

如图9-3所示为单色舞蹈抖音账号的商品橱窗界面，可以看到其中列出了舞蹈课程，而其他抖音用户只需点击进入，便可以花费365元购买VIP年度会员舞蹈教学课程。很显然，这便是直接通过开设课程招收学员的方式来实现变现的。

图 9-3　单色舞蹈抖音账号的商品橱窗界面

9.1.4　有偿服务获取收益

有的抖音账号既不能为消费者提供实体类的商品，也没有可供开设课程的干货内容。那么，这一类抖音账号该如何进行变现呢？其实，如果能够在抖音短视频平台中提供有偿服务，同样也是能够获得收益的，如图 9-4 所示为某抖音账号中的高清四维彩超服务。

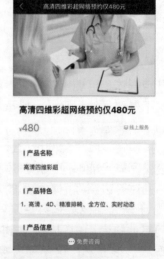

图 9-4　某抖音账号的高清四维彩超服务

9.2 借助粉丝力量变现

抖音是一个流量巨大的平台，而对于抖音电商运营者来说，将吸引过来的流量进行变现，借粉丝的力量变现也不失为一种不错的生财之道。

借助粉丝力量变现的关键在于吸引抖音用户观看你的抖音短视频，然后通过短视频内容引导抖音用户，从而达成自身的目的。一般来说，借助粉丝力量变现主要有 4 种方式，这一节笔者将分别进行解读。

9.2.1 将流量引至实体店

抖音用户都是通过抖音短视频 App 来查看线上发布的相关短视频，而对于一些在线上没有店铺的抖商来说，要做的就是通过短视频将线上的抖音用户引导至线下，让抖音用户到店打卡。

如果"抖商"拥有自己的线下店铺，或者有跟线下企业合作，则建议大家一定要认证 POI，这样可以获得一个专属的唯一地址标签，只要能在高德地图上找到你的实体店铺，认证后即可在短视频中直接展示出来。抖商及其他抖音用户在上传视频时，如果给视频进行定位，那么，只要点击定位链接，便可查看店铺的具体信息和其他用户上传的与该地址相关的所有视频。

除此之外，抖音电商运营者将短视频上传之后，附近的抖音用户还可在同城版块中看到你的抖音短视频。再加上 POI 功能的指引，便可以有效地将附近的抖音用户引导至线下实体店。具体来说，其他抖音用户可以在同城版块中通过如下操作了解线下实体店的相关信息。

步骤 01 登录抖音短视频 App，在"首页"视频播放界面中点击"推荐"后方的城市名按钮，如图 9-5 所示。

步骤 02 进入同城版块，在该版块中可以看到同城的直播和短视频，如果店铺位置进行了 POI 认证，其抖音短视频下方便会出现 🍴 图标。抖音用户可以点击对应的短视频进行查看，如图 9-6 所示。

步骤 03 进入抖音短视频播放界面，点击 🍴 图标对应的位置，如图 9-7 所示。

步骤 04 操作完成后，便可查看该店铺的相关信息，如图 9-8 所示。除此之外，抖音用户还可直接点击界面中的定位，借助导航功能直接去线下实体店打卡。

抖音电商运营者可以通过 POI 信息界面，建立与附近粉丝直接沟通的桥梁，向他们推荐商品、优惠券或者店铺活动等，从而有效地为线下门店导流，同时能够提升转化效率。

图9-5　点击城市名按钮

图9-6　点击对应的短视频

图9-7　点击 图标对应的位置

图9-8　查看店铺的相关信息

　　POI的核心在于用基于地理位置的"兴趣点"来链接用户痛点与企业卖点，从而吸引目标人群。大型的线下品牌企业还可以结合抖音的POI与话题挑战赛来进行组合营销，通过提炼品牌特色，找到用户的"兴趣点"来发布相关的话题，这样可以吸引大量感兴趣的用户参与，同时让线下店铺得到大量曝光，而且精准流量带来的高转化也会为企业带来高收益。

例如，"长沙海底世界"是一个非常好玩的地方，许多长沙地区的人都会将其作为节假日的重点游玩选项。基于用户的这个"兴趣点"，景区在抖音上发起了"#长沙海底世界"的话题挑战，并发布一些带 POI 地址的景区短视频，对景区感兴趣的用户看到话题中的视频后，通常都会点击查看，此时进入到 POI 详情页即可看到长沙海底世界的详细信息，如图 9-9 所示。这种方法不仅能够吸引粉丝前来景区打卡，而且还能有效提升周边商家的线下转化率。

图 9-9 "话题 +POI"营销示例

在抖音平台上，只要有人观看你的短视频，就能产生触达。POI 拉近了企业与用户的距离，在短时间内能够将大量抖音用户引导至线下，方便了品牌进行营销推广和商业变现。而且 POI 搭配话题功能和抖音天生的引流带货基因，同时也让线下店铺的传播效率和用户到店率得到提升。

9.2.2 通过直播获取礼物

对于那些有直播技能的主播来说，最主要的变现方式就是通过直播来赚钱。粉丝在观看主播直播的过程中，可以在直播平台上充值购买各种虚拟的礼物，在主播的引导或自愿情况下送给主播，而主播可以从中获得一定的比例提成以及其他收入。

这种变现方式要求人物 IP 具备一定的语言和表演才能，而且要有一定的特点或人格魅力，能够将粉丝牢牢地"锁在"你的直播间，而且还能够让他们主动为你花费钱财购买虚拟礼物。

直播在许多人看来就是在玩，毕竟，大多数直播都只是一种娱乐。但是，不可否认的一点是，只要玩得好，玩着就能把钱给赚了。因为主播们可以通过直播获得粉丝的打赏，而打赏的这些礼物又可以直接兑换成钱。

当然，要通过粉丝送礼，玩着就把钱赚了，首先需要主播拥有一定的人气。这就要求主播自身拥有某些过人之处，只有这样，才能快速积累粉丝数量。

其次，在直播的过程中，还需要一些所谓的"水军"进行帮衬。图 9-10 所示为粉丝给主播送礼物的相关界面，在画面中，可以看到粉丝都是扎堆送礼物的。之所以会出现这种情况，"水军"可以说是功不可没的。

图 9-10   粉丝给主播送礼物的相关界面

这样做是因为很多时候人都有从众心理，如果有"水军"带头给主播送礼物，其他人也会跟着送，这就在直播间形成了一种氛围，让看直播的其他受众在压力之下，因为觉得不好意思，或是觉得不能白看，也跟着送礼物。

9.2.3   打造社群寻找商机

在抖音短视频平台上运营一段时间之后，随着知名度和影响力的提高，如果你在抖音中留下了微信等联系方式，便会开始有人申请加你为好友。如图 9-11 所示为笔者的微信好友申请界面，可以看到其中便有很多人是来自于抖音平台的。

我们可以好好利用这些人群，从中寻找商机。比如，这些来自抖音的人群，都有具体的需求，有的人是想学习抖音如何运营，有的人是想学习如何做营销。对此，我们可以根据人群的具体需求进行分类，然后将具有相同需求的人群拉进同一个微信群，构建社群，并通过社群的运营寻找更多商机。

笔者便是将来自抖音的人群根据需求进行分类之后，构建了微信群。如图9-12所示为笔者书友密训会微信群的相关界面。

图9-11 微信好友申请界面

图9-12 书友密训会微信群

9.2.4 让粉丝流向其他平台

部分抖商可能同时经营多个线上平台，而且抖音还不是其最重要的平台。对于这一部分抖商来说，通过一定的方法将抖音粉丝引导至特定的其他平台，让抖音粉丝在目标平台中发挥力量就显得非常关键了。

一般来说，在抖音中可以通过两种方式将抖音用户引导至其他平台：一是通过链接引导；二是通过文字、语音等表达进行引导。

通过链接导粉比较常见的方式就是在视频或直播中将销售的商品插入其他平台的链接，此时，抖音用户只需点击链接，便可进入目标平台，如图9-13所示。

而当抖音用户进入目标平台之后，抖音电商运营者则可以通过一定的方法，如发放平台优惠券，将抖音用户变成目标平台的粉丝，让抖音用户在该平台上持续贡献购买力。

通过文字、语音等表达进行引导的常见方式就是在视频、直播等过程中，简单地对相关内容进行展示，然后通过文字、语音将对具体内容感兴趣的抖音用户引导至目标平台。

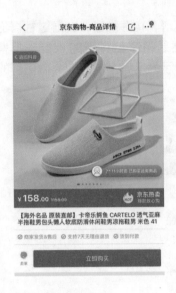

图 9-13　点击链接进入目标平台

9.3　利用 IP 影响力变现

　　抖音电商运营者的短视频内容如果无法变现，就像是"做好事不留名"，在商业市场中，这种事情基本上不会发生，因为盈利是商人最本质的特征，同时也是能体现人物 IP 的价值所在。如今，大 IP 的变现方式多种多样，本节主要介绍一些常见的 IP 变现方法。

9.3.1　多向经营实现增值

　　抖音电商运营者要把个人 IP 做成品牌，当粉丝达到一定数量后可以向娱乐圈发展，如拍电影电视剧、上综艺节目以及当歌手等，实现 IP 的增值，从而更好地进行变现。如今，就有很多抖音平台上的"网红"进入娱乐圈发展，包括费启鸣、摩登兄弟刘宇宁和冯提莫等。

　　例如，作为一个颜值和动人歌喉兼具的主播，摩登兄弟在抖音上发布了大量歌唱类短视频。如今摩登兄弟成为拥有超过 3000 万粉丝的大 IP，如图 9-14 所示为摩登兄弟的抖音个人主页。

　　正是因为在抖音平台上的巨大流量，摩登兄弟不仅被许多音乐人看中，推出了众多量身定制的单曲，更被许多电视节目和电影导演邀请，如图 9-15 所示为摩登兄弟刘宇宁参与的《使徒行者 2》的海报图。

图9-14 摩登兄弟的抖音个人主页

图9-15 摩登兄弟刘宇宁参与的
《使徒行者2》的海报图

9.3.2 利用名气承接广告

　　当抖商的抖音积累了大量粉丝，账号成了一个知名度比较高的IP之后，可能就会被邀请做广告代言。此时，抖商便可以赚取广告费的方式进行IP变现。抖音中通过广告代言变现的IP还是比较多的，它们共同的特点就是粉丝数量多、知名度高。如图9-16所示为费启鸣的抖音个人主页，可以看到其粉丝量就是比较多的。

图9-16 费启鸣的抖音个人主页

　　正是因为有如此多的粉丝，费启鸣成功接到了许多广告代言，其中不乏一些知名品牌的代言，如图9-17所示为费启鸣代言劲舞团的宣传海报。广告代言多，又有不少是知名品牌，费启鸣的广告代言收入也就可想而知了。

图 9-17　费启鸣代言劲舞团的宣传海报

9.3.3　出版图书内容变现

图书出版，主要是指抖音电商运营者在某一领域或行业经过一段时间的经营，拥有了一定的影响力或者有一定经验之后，将自己的经验进行总结，然后进行图书出版，以此获得收益的盈利模式。

短视频原创作者采用出版图书这种方式去获得盈利，只要抖音短视频运营者本身有基础与实力，那么收益还是很乐观的。例如，抖音号"Shawn Wang"的号主王肖一便是采取这种方式获得盈利的。王肖一通过抖音短视频的发布，积累了 30 多万粉丝，成功塑造了一个 IP，如图 9-18 所示为"Shawn Wang"的抖音个人主页。

因为多年从事摄影工作，王肖一结合个人实践编写了一本无人机摄影方面的图书，如图 9-19 所示。

图 9-18　"Shawn Wang"的抖音个人主页　　　图 9-19　王肖一编写的摄影书

该书出版之后短短几天，单单"Shawn Wang"这个抖音号售出的数量便达到了几十册，由此不难看出其欢迎程度。而这本书之所以如此受欢迎，除了内容对读者有吸引力之外，与王肖一这个 IP 也是密不可分的，部分抖音用户就是冲着王肖一这个 IP 来买书的。

另外，当你的图书作品火爆后，还可以通过售卖版权来变现，小说等类别的图书版权可以用来拍电影、电视剧或者网络剧等，这种收入相当可观。当然，这种方式可能比较适合那些成熟的短视频团队，如果作品拥有了较大的影响力，便可进行版权盈利变现。

9.3.4 转让账号获得收入

在生活中，无论是线上还是线下，都是有转让费存在的。而这一概念随着时代的发展，逐渐有了账号转让的存在。同样的，账号转让也是需要接收者向转让者支付一定的费用的，最终使得账号转让成为获利变现的方式之一。

而对抖音平台而言，由于抖音号更多的是基于优质内容发展起来的，因此，抖音号转让变现通常比较适合发布了较多原创内容的账号。如今，互联网上关于账号转让的信息非常多，在这些信息中，有意向的账号接收者一定要慎重对待，不能轻信，且一定要到比较正规的网站上来操作，否则很容易受骗上当。

例如，新媒易新媒交易平台便提供了抖音账号的转让服务，如图 9-20 所示为"抖音号交易"界面。

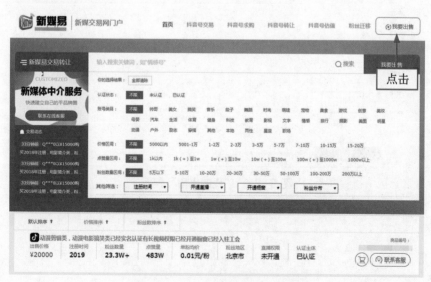

图 9-20 "抖音号交易"界面

如果抖音电商运营者想将自己的抖音账号转让，只需点击"抖音号交易"界面的"我要出售"按钮，便可进入如图 9-21 所示的"我的出售"界面，填写相关信息，点击"立即发布"按钮，即可发布账号转让信息。转让信息发布之后，只要售出，抖音电商运营者便可以完成账号转让变现。

当然，在采取这种变现方式之前，抖音电商运营者一定要考虑清楚。因为账号转让相当于是将账号直接卖掉，一旦交易达成，抖音电商将失去账号的所有权。如果抖音电商运营者不是专门做账号转让的，或不是急切需要进行变现，笔者不建议采用这种变现方式。

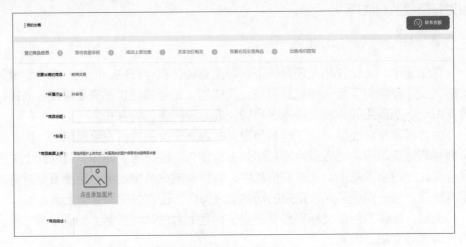

图 9-21　"我的出售"界面

第 10 章

案例展示：学习网红成功经验

学前提示

对于抖音电商运营者来说，在抖音中获得成功主要有两条途径：一是通过账号的打造，让自己变成抖音大 V，然后进行变现；二是通过网红商品的打造，用销量来换取收益。

这一章笔者将通过具体案例的展示，对抖音大 V 的打造和变现，以及网红商品的打造进行说明。帮助大家更好地学习成功的经验，借助抖音赚取自己的一桶金。

要点展示

- 抖音大 V 是怎么变现的
- 网红商品是怎么走红的

10.1 抖音大 V 是怎么变现的

抖音大 V 是指获得抖音认证并拥有大量粉丝的抖音用户。如果抖音大 V 能够善用自己的流量，便可借助网红经济变身带货达人，快速实现变现。本节笔者将重点为大家介绍抖音平台的 10 个大 V，看看他们是如何进行变现的。

10.1.1 李佳琦：战胜马云的口红一哥

随着时代的发展，一些固有的观念开始发生变化。比如，以前化妆基本上是女性的事，而现在许多比较注意形象的男性也开始化起了妆。也正是因为如此，许多男性美妆视频主应运而生。

也许是看惯了女视频主化妆，许多受众反而对男性美妆视频主更感兴趣。于是，李佳琦等男性美妆视频主获得了快速发展，成为美妆界的带货达人。

和许多美妆视频主不太相同的是，李佳琦有着自己的人设，或者说标签，那就是"口红一哥"。如图 10-1 所示为李佳琦的抖音个人主页，可以看到"口红一哥"这几个字便赫然在列。

图 10-1　李佳琦的抖音个人主页

为什么李佳琦自称"口红一哥"，大家却很买账呢？这主要是因为他的短视频内容主要集中在口红这一块，给受众介绍了大量的口红。而且作为一个拥有超过 3000 万粉丝的抖音大 V，他的带货能力是十分惊人的，在卖口红这一块基本上没有人可以比得过他。

马云作为一个国际知名的人物，其号召力可以说是比较强的。然而，和李佳琦比赛卖口红，马云却输了，由此便不难看出李佳琦在口红方面的号召力。如图 10-2 所示为马云与李佳琦比赛卖口红的相关短视频。

图 10-2　马云与李佳琦比赛卖口红的相关短视频

　　李佳琦在淘宝上开设了自己的店铺，抖音的商品橱窗也展示了大量的商品。因为其拥有大量粉丝，再加上"口红一哥"这个名头带来的号召力，他的店铺商品销量一直以来都比较有保障。在这种情况下，李佳琦要实现变现自然也就比较容易了。

10.1.2　李子柒：亲手给你烹制各种美食

　　说起李子柒，有的人的第一印象可能是：这看上去就是一个有些仙气的弱女子。确实，在短视频中，李子柒经常身穿有些古韵的服装，看上去确实像个小仙女。但她那有些瘦弱的身形，又让人觉得她就是一个普通的弱女子。

　　当然，如果你凭身形就认定她只是一个普通的弱女子那就大错特错了。为什么这么说呢？这主要是因为在李子柒分享的短视频中，无论是椅子等家居物品，还是各种美食，她都是亲手来制作的。因此，许多网友表示：没有什么东西是李子柒不会做的。很显然，她在做东西这个方面是要超过许多人的，而将她定位为普通的弱女子自然也就不准确了。

　　虽然李子柒会做的东西比较多，但是，为了更好地进行变现，她将自己定位为美食自媒体，而短视频内容也以美食的制作为主。如图 10-3 所示为李子柒的抖音个人主页，可以看到在账号认证后面写着的就是"美食自媒体"这几个字。

　　李子柒与一般的抖音电商运营者最大的不同在于，她销售的商品人多会以短视频的形式对制作的过程进行展示。这在抖音用户看来，就像是李子柒亲手给自己烹制美食。面对这样一个仙女一样的人烹制的美食，抖音用户又怎么可能不放心呢?

图10-3　李子柒的抖音个人主页

如图 10-4 所示为李子柒发布的一则抖音短视频,在这则短视频中,李子柒将柳州螺蛳粉的制作过程进行了全面的呈现。不仅制作过程一目了然,而且最终的成品看上去也十分诱人。

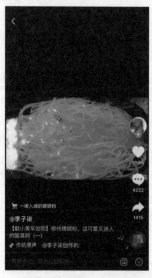

图10-4　一则关于柳州螺蛳粉制作的短视频

面对看上去这么诱人的柳州螺蛳粉,即便平时有些忍受不了螺蛳粉的气味,笔者也有想要买一份尝一尝的冲动,由此也不难看出李子柒发布的短视频的强大吸引力了。再加上李子柒拥有超过 2000 万抖音粉丝,要实现快速变现自然也就变成了一件非常简单的事了。

10.1.3 张欣尧：借助抖音打造个人品牌

对于张欣尧的走红，许多人表示并不是很理解。因为他既没有那种一看就让人着迷的帅气面孔，也没有十分突出的才艺。其实，张欣尧既会跳街舞，也以音乐人的身份发布了一些单曲，他可以说还是有一些才艺的。也正是因为发布了音乐单曲，想在音乐这条路走下去，张欣尧的抖音个人主页中的个人认证身份是"抖音音乐人"，如图 10-5 所示。

图 10-5　张欣尧的抖音个人主页

而至于长相方面，张欣尧可能并不能算是一眼就让人着迷的那种帅气男生，但是却给人一种有些痞帅的感觉。

张欣尧最开始进入大众的视野，就是因为他拍摄了一条《要不要做我女朋友》的抖音短视频。在该短视频中，张欣尧的表现让人感觉既有些害羞，又有些痞帅。还有部分抖音用户表示，正是因为看到了张欣尧的这则短视频，才决定下载抖音短视频 App。目前，该短视频在抖音短视频平台的点赞量已经超过了 200 万，由此也不难看出张欣尧的影响力。

作为一个拥有上千万粉丝的抖音大 V，张欣尧的号召力应该是比较强的。但是，如果你看他的短视频的话就会发现，其中很少会插入商品链接。而且在张欣尧的个人橱窗中，也仅仅只有几件商品，如图 10-6 所示为张欣尧的商品橱窗及相关商品界面。

其实，张欣尧有自己的个人品牌"ZXY WIGGLE"，并在淘宝上开始了专属的店铺。如图 10-7 所示为张欣尧淘宝店铺及相关商品界面。抖音用户点击抖音商品橱窗中的"去淘宝购买"按钮，就可前往张欣尧的淘宝店铺。

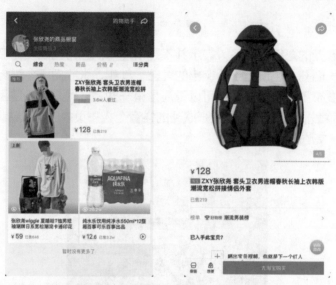

图 10-6　张欣尧的商品橱窗及相关商品界面

图 10-7　张欣尧的淘宝店铺及相关商品界面

　　作为一个抖音大 V，张欣尧成功打造了个人品牌，并将抖音流量引导至淘宝店铺，实现了变现。虽然张欣尧的淘宝店铺中商品都有一定的销量，但是却没有利用抖音对品牌和商品进行足够的宣传。笔者个人认为，这有一些资源浪费了。如果张欣尧能在自己的抖音短视频和商品橱窗中都添加一些淘宝的商品链接，相信其淘宝店铺的商品销量一定会更高。

10.1.4 浪胃仙：光看视频都能食欲大涨

浪胃仙原名李杭泽，有"抖音第一大胃王"之称。浪胃仙也表示，能吃是他的一个属性。那么，浪胃仙究竟有多能吃呢？浪胃仙曾在接受采访时表示，刚开始工作时，工资还不够用来解决吃的问题。并且他还成功进行了一次吃 300 只兔头、60 斤龙虾等挑战。也正是因为如此，他也成为自助餐厅老板的噩梦。

粉丝们都喜欢将浪胃仙称之为"浪老师"，这除了是因为他的胃口大得令人叹服之外，还有一个重要原因——那就是通过吃，他能给餐厅老板"上一课"。特别是自助类的餐厅，或者是有吃方面挑战的餐厅，他能吃到餐厅亏本。

浪胃仙的账号定位是美食自媒体，他主要是以探店为主，向抖音用户介绍一些店铺和各种美食。而作为"抖音第一大胃王"，他也吸引了 2000 多万粉丝，成为抖音美食类的大 V，如图 10-8 所示为浪胃仙的抖音个人主页。

图 10-8　浪胃仙的抖音个人主页

虽然浪胃仙拥有众多粉丝，但是，浪胃仙的商品橱窗和短视频中却没有太多的商品链接，那么，他是如何变现赚钱的呢？

浪胃仙的其中一种变现方式就是通过探店，为店铺做宣传赚取一定的费用。如果仔细观察你就会发现，浪胃仙发布的短视频中许多都是带有店铺定位的，如图 10-9 所示。这其实就是浪胃仙通过短视频对店铺进行宣传，从而借助自身影响力为店铺引流。这一点很好理解，浪胃仙粉丝众多，影响力大，许多店铺正是看中这一点请他来"上一课"。

除了探店宣传之外，浪胃仙的另一种重要变现方式就是直播，通过他人的打赏来获得收益。大多数人看"吃播"，就是看主播有多能吃，只要主播吃得多，就会获得打赏。而作为大胃王的浪胃仙，直播一次自然可以获得不少的打赏。

图 10-9　浪胃仙的探店视频

10.1.5　评论引流

许多抖音用户在看抖音视频时，会习惯性地查看评论区的内容。再加上，抖音用户如果觉得视频内容比较有趣，还可以通过 @ 抖音账号，吸引其他抖音用户前来观看该视频。因此，如果抖音用户的评论区利用得当，便可以起到不错的引流效果。

抖音视频文案中能够呈现的内容相对有限，这就有可能出现一种情况，那就是有的内容需要进行一些补充。此时，抖音运营者便可以通过评论区的自我评论来进一步进行表达。另外，在短视频刚发布时，可能看到视频的抖音用户不是很多，也不会有太多抖音用户评论。如果此时抖音用户进行自我评论，也能从一定程度上起到提高视频评论量的作用。

除了自我评价补充信息之外，抖音运营者还可以通过回复评论解决抖音用户的疑问，引导抖音用户的情绪，从而提高产品的销量。

回复抖音评论看似是一件再简单不过的事，实则不然。为什么这么说了？这主要是因为在进入抖音评论时还有一些需要注意的事项，具体如下。

1. 第一时间回复评论

抖音运营者应该尽可能地在第一时间回复抖音用户的评论，这主要有两个方面的好处。一是快速回复抖音用户能够让抖音用户感觉到你对他（她）很重视，这样自然能增加抖音用户对你和你的抖音账号的好感；二是回复评论能够从一定程度上增加短视频的热度，让更多抖音用户看到你的短视频。

那么，如何做到第一时间回复评论呢？其中一种比较有效的方法就是在短视频发布的一段时间内，及时查看抖音用户的评论。一旦发现有新的评论，便在第一时间做出回复。

2. 不要重复回复评论

对于相似的问题，或者同一个问题，抖音运营者最好不要重复进行回复，这主要有两个原因。一是很多抖音用户的评论中或多或少会有一些营销的痕迹，如果重复回复，那么整个评价界面便会看到很多有广告痕迹的内容，而这些内容往往会让抖音用户产生反感情绪。

二是相似的问题，点赞相对较高的问题会排到评论的靠前位置，抖音运营者只需在点赞较高的问题进行回复，其他有相似问题的抖音用户自然就能看到。而且这还能减少评论的回复工作量，节省大量的时间。

3. 注意规避敏感词汇

对于一些敏感的问题和敏感的词汇，抖音运营者在回复评论时一定要尽可能地进行规避。当然，如果避无可避也可以采取迂回战术，如不对敏感问题做出正面的回答、用一些其他意思相近的词汇或用谐音代替敏感词汇。

10.1.6 私信引流

抖音支持"发信息"功能，一些粉丝可能会通过该功能给用户发信息，用户可以时不时看一下，并利用私信回复来进行引流，如图7-10所示。

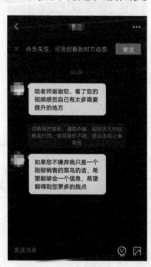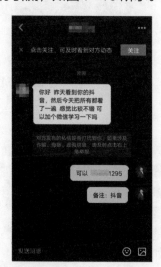

图7-10　利用抖音私信消息引流

10.1.7　互推引流

　　互推就是互相推广的意思。大多数抖音号在运营过程中，都会获得一些粉丝，只是对于许多抖音用户来说，粉丝量可能并不是很多。此时，抖音运营者便可以通过与其他抖音号进行互推，让更多抖音用户看到你的抖音号，从而提高抖音号的传播范围，让抖音号获得更多的流量。

　　在抖音平台中，互推的方法有很多，其中比较直接有效的一种互推方式就是在视频文案中互相 @，让抖音用户看到相关视频之后，就能看到互推的账号。

　　图 7-11 所示为祝晓晗和老丈人说车发布的两条视频，可以看到这两条视频中就是通过使用 @ 功能来进行互推的。再加上老丈人说车这个抖音号又是祝晓晗的父亲运营的。因此，这两个账号之间具有很强的信任度，互推的频率也可以进行把握。所以，这两个账号的互推通常能获得不错的效果。

图 7-11　账号互推

10.1.8　矩阵引流

　　抖音矩阵就是通过多个账号的运营进行营销推广，从而增强营销的效果，获取稳定的流量池。抖音矩阵可分为两种，一种是个人抖音矩阵，即某个抖音运营者同时运营多个抖音号，组成营销矩阵；另一种是多个具有联系的抖音运营者一个矩阵，共同进行营销推广。

　　例如，笔者便是借助抖音矩阵打造了多个用户，且每个抖音号都拥有一定数量的粉丝，如图 7-12 所示。

图 7-12 笔者的抖音矩阵打造

10.1.9 卡卡西和玩具：给孩子安全的玩具

虽然销售的产品领域、种类越多，目标消费者群体的基数越大。但是，这并不代表抖音电商运营者销售的产品领域、种类越多，总体销量就一定会越好。这样的案例可以说遍地都是，许多抖音账号中销售的商品五花八门，而看其销量的话，却往往是不如人意的。

相反的，一些只销售某一类产品，或者以销售某类产品为主的抖音账号，其商品总体销量却可能是比较喜人的。比如，李子柒销售的各种美食、黑马小明销售的男性化妆品等，他们都是以销售某类产品为主，而产品的总体销量却都比较高。接下来，笔者要介绍的卡卡西和玩具同样是以销售一类产品为主的抖音账号。

卡卡西和玩具的抖音账号昵称为"卡卡西和玩具（婴幼儿）"，正如其昵称所言，这就是一个专注于婴幼儿玩具的抖音账号。该账号的自我定位也是"母婴育儿视频自媒体"，如图 10-13 所示为卡卡西和玩具的抖音个人主页。

对于新生儿的父母来说，孩子的健康问题无疑是一个不可忽视的大问题。而为了哄孩子，父母们往往都会购买一些玩具，那么，这些玩具对孩子来说是否安全呢？卡卡西和玩具就是以这个问

图 10-13 卡卡西和玩具的抖音个人主页

题为核心来发布短视频内容的。

卡卡西和玩具的内容主要分为两个方面：一是为大家进行玩具的测评，让大家知道哪些玩具对孩子而言是不安全的；二是推荐一些适合孩子玩的玩具和产品。如图 10-14 所示为卡卡西和玩具发布的相关短视频。

图 10-14　卡卡西和玩具发布的相关短视频

相比于推销产品，卡卡西和玩具发布的短视频更多是在为抖音用户做婴幼儿玩具测评，帮助新生儿的父母更好地避雷。也正因为如此，在看了许多测评之后，偶尔看到产品推销短视频，抖音用户也不容易产生抵触情绪。而且即便是推销产品，卡卡西和玩具也会展示产品对婴幼儿的安全性。所以，看到该账号推荐的产品，抖音用户自然会更容易产生信任感。

10.1.10　认真少女 _ 颜九：1 分钱都不许你多花

有这么一个抖音美妆博主，她并没有一眼就让人感到惊艳的长相，甚至许多人第一次看到她时，会因为她的脸看上去比较圆觉得她有些胖。可就是这样一个自身条件不算太出色的美妆博主，却拥有了超过 800 万的抖音粉丝。这个人就是认真少女 _ 颜九。如图 10-15 所示为认真少女 _ 颜九的抖音个人主页。

为什么这样一个美妆博主能够拥有如此多的抖音粉丝呢？笔者认为主要有两个原因。一是认真少女 _ 颜九开通了同名个人微博，且其微博粉丝量超过了400 万；许多玩微博的用户同时也是抖音的用户，所以有一部分人会因为她的微博而关注她的抖音号。二是认真少女 _ 颜九在抖音中有一个响亮的口号，那就是：一分钱都不许你多花。

图 10-15 认真少女 _ 颜九的抖音个人主页

怎么保证让抖音用户一分钱都不多花呢？认真少女 _ 颜九重点做了两件事情：一是通过自己的使用经验，对产品做出测评，让抖音用户选对产品；二是为抖音用户提供便宜好用的产品。

认真少女 _ 颜九分享了大量的化妆品，特别是口红。在她的抖音中你会发现大量口红方面的短视频，这些短视频对各种口红分别进行了介绍，而且她还会根据自己的经验为抖音用户推荐口红等化妆品。这就容易给人一种感觉：她说得有道理，听她的准没错。如图 10-16 所示为认真少女 _ 颜九发布的相关短视频。

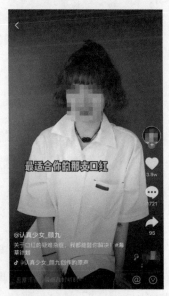

图 10-16 认真少女 _ 颜九发布的相关短视频

除了产品使用经验分享之外，她在短视频中偶尔也会对部分产品进行推销。只是产品推销类的短视频数量比较少，而且她推销的产品价格通常比较便宜。因此，对于这样一个不让自己多花钱的抖音大V，许多抖音用户都比较信任。如果觉得产品适合自己，便会点击其短视频中的商品链接进行购买。

10.2　网红商品是怎么走红的

除了人，或者说抖音账号之外，抖音还带火了许多商品。这一节笔者就选择10种抖音网红商品进行说明，分析这些网红商品走红的原因。

10.2.1　喷钱枪：瞬间就感觉自己发财了

财富永远是一个大众都关心的话题。虽然财富都是慢慢积累起来的，一个人突然变得富有的概率很小。但是，有一种东西使用起来却能让人感觉自己发财了，这就是喷钱枪。

喷钱枪，物如其名，就是一种能喷出纸币的玩具枪。通常来说，购买喷钱枪会赠送一些仿制的纸币，只要将这些纸币放入喷钱枪中，并按下扳机，便可让纸币持续从枪口喷出，如图10-17所示。

图10-17　喷钱枪的相关短视频

虽然赠送的是仿制的纸币，但是，真的纸币同样也是可以放进去的。看到纸币源源不断地喷出来，是不是会有那么一瞬间感觉自己发财了呢？

除了纸币之外，枪内还可以放入红包、卡片等物品，而且只要放进去的物品够薄，便能喷射出来。因此，除了个人娱乐之外，喷钱枪还可用于婚礼等场合制造气氛。正是因为喷钱枪使用方便，且可使用的场景比较多，所以许多抖音用户看到该产品之后纷纷入手，该产品也因此迅速走红。

10.2.2 手机液体膜：手机也能刀枪不入

大部分使用大屏手机的人都有这样一个烦恼：不贴手机膜，手机随便摔一下就有可能把屏幕摔坏。一旦屏幕坏了，要换屏幕的话少则几百元，多则上千元。因此，为了防止手机屏幕摔坏，许多人都会给手机贴膜。

然而，市面上许多手机膜的质量比较一般，手机贴膜之后，不小心摔了，虽然手机屏幕基本不会坏了，但是，手机膜却碎了。手机膜碎了之后，如果不换掉，整个手机的颜值瞬间就下跌了，而且还要担心破碎的手机膜会划伤手。所以，手机膜碎了之后，通常会选择重新贴膜。对于许多人来说，手机膜坏了就换，不仅麻烦，而且如果频率比较高，也会觉得有些划不来。

那么，除了这种传统的手机膜之外，还有没有其他可以用来保护手机屏幕的物品呢？当然有，曾一度刷爆抖音的手机液体膜便是其中之一。

手机液体膜，实际上就是一种采用纳米科技的液体形成的保护膜。使用者只需将该液体涂抹在手机屏幕上，便可在手机屏幕上形成一层保护膜。在这种液体膜的保护下，无论是用手机屏幕砸核桃，还是用小刀在屏幕上划，都不会损坏手机屏幕，如图 10-18 所示。

图 10-18　手机液体膜的相关短视频

虽然手机液体膜的科技含量看起来比较高，但是，它的价格却不算高。一小瓶液体膜的价格只要20元左右，而且一瓶的量可以给两部手机涂膜。另外，涂完之外，手机上不容易出现指纹痕迹，且其形成的手机膜要比传统手机膜薄很多。因此，许多抖音用户纷纷表示该产品值得入手。

10.2.3 多孔晾衣架：节省衣物占用空间

相比于将衣服折好放进柜子里，许多人更愿意用衣架将衣服挂在柜子里。因为将衣服折着放比较容易出现折痕，这会影响衣物的美观度。而将衣服用衣架挂在柜子里又容易出现一个问题，那就是柜子的空间比较有限，没有办法将所有的衣服都挂在柜子里。

为了解决这个问题，一款多孔晾衣架应运而生。这是一款拥有多个挂孔的晾衣架，用户可以在挂孔中挂上普通的晾衣架。另外，该晾衣架内设置了卡扣轨道，用户可以通过晾衣架挂钩位置的移动来调整衣物的悬挂角度。如果将挂钩移动到晾衣架的一端，便可让晾衣架以近乎垂直于地面的角度悬挂在衣柜中，而这样一来，同样的衣柜能够悬挂的衣物便大大增加了，如图10-19所示。

图10-19　多孔晾衣架的相关短视频

虽然多孔晾衣架实际上只是一个可调整角度的设备，它并不能代替传统晾衣架的作用。但是，它却能在节省衣物占用空间的同时，让衣物保持平顺的状态，避免衣物因折叠而出现褶皱。而且它的每个孔之间有一定的距离，即便是晾晒未干的衣物，也不会因为衣物之间没有空隙而使衣物难以晒干。再加上它的价格也不高，所以，许多抖音用户看到它之后，马上就选择了购买。

10.2.4　碎发整理器：还你一个好看的脖子

头发比较长的女性，在炎热的夏天通常都会选择将头发扎起来。头发扎起来之后，脖子区域不再那么热了，但也会出现一个问题，那就是一些碎发因为比较短，扎不起来。此时，盖住脖子的那些碎发就会让脖子区域变得不那么好看了，甚至于看到碎发的人会觉得你不太讲究。

所以，一些碎发比较多的女性，为了让自己看起来比较干练、整洁，宁愿忍受夏日的炎热，也不愿意把头发扎起来，让碎发暴露在他人面前。其实，只要拥有了一种物品，碎发扎不起来的问题便可以解决了。

这个物品就是曾经刷爆抖音的碎发整理器。碎发整理器操作起来非常简单，用户只需将碎发整理器的刷头部分沾上一些自带的植物甘油，然后用刷头把碎发刷到已经扎好的头发上即可，如图 10-20 所示。

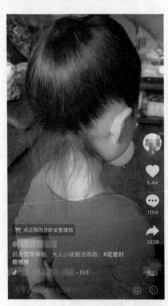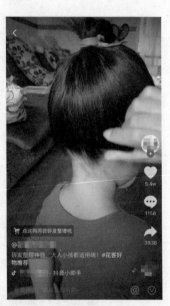

图 10-20　碎发整理器的相关短视频

碎发整理器的优势主要有 3 点：一是可以整理碎发，让头发变得贴服，让人看起来更加清爽、干练；二是体积比较小，方便携带，你可以将它放在包包里，甚至可以直接丢在衣服口袋里；三是自带的植物甘油安全、无刺激，无论是职场女性、家庭主妇，还是孕妇、小孩，都可以放心使用。

另外，其价格也不是很高，便宜一点的只要十几块钱，而且一个碎发整理器可以多次使用。使用之后，头发不会出现黏发、油腻、起硬块等现象。因此，许多女性朋友纷纷表示这种神器还是比较值得入手的。

10.2.5　游戏机手机壳：带你回到童年时光

对于许多80后和部分90后来说，家庭游戏机可能是小时候的重要娱乐设备。那时候一个小游戏能玩上几天，玩得不亦乐乎。因此，这部分人在回忆童年时光时，头脑内都会出现自己玩家庭游戏机的画面。

现在这群80后和90后已经长大成人，甚至开始向中年迈进了。而以前那些家庭游戏机也慢慢被市场所淘汰，现在要想再玩小时候玩过的那些小游戏都变成了一件不太容易的事。

针对这种情况，一些人生产了游戏机手机壳。这种手机卡不仅具备一般手机壳的主要功能——保护手机，而且还自带许多承载了80后和90后童年记忆的小游戏。只要有时间，便可以通过这种手机壳寻找童年的乐趣了。而且这种手机壳的外观和小时候的经常玩的游戏机有着极大的相似性，如图10-21所示。

图 10-21　游戏机手机壳的相关短视频

这种手机壳的主要优势主要有3个：一是内置的多种小游戏，可以让用户重温童年玩游戏时的乐趣；二是它与小时候的游戏机在外形有些相似，将其作为手机壳，也别有一番情趣；三是它内置充电电池，充满电之后可以连续使用几个小时，既比较环保，也能省下买电池的钱。

当然，这种手机壳也有一些劣势，比如，它比一般手机壳要厚一些，将它套在手机上，手机看上去就像一块砖头；又如，它的价格比普通手机壳要高不少，让人感觉有些划不来。

其实，对于许多怀旧的80后和90后来说，这些劣势都可以接受。他们要的只是找回童年玩游戏的感觉，而这种手机壳正好能达到这个目的。所以，他们会觉得这种手机壳正是他们需要的。

另外，对于有孩子的父母来说，这也是一个实用的产品。一方面，孩子抢手机时，可以将这种手机壳拿来给孩子玩，避免手机摔坏；另一方面，可以和孩子一起玩游戏，增加与孩子之间的交流，拉近亲子关系。

10.2.6　会动的兔子帽：一举一动都萌萌哒

帽子大家应该都见到过，但是，能动的帽子却不是每个人都见到过，更不是每个人都戴过。如果你没见过，那么，只要在抖音上搜索"兔子帽""会动的兔子帽"等关键词，然后点开短视频，你就会看到了。

会动的兔子帽，顾名思义，就是一款帽子形状的，能够变换动作的帽子。兔子帽采用充气气囊设计，戴上这款帽子之后，用户只需用手捏一下兔腿部位，兔耳朵就会向上摆动，如图 10-22 所示。

图 10-22　会动的兔子帽的相关短视频

兔子帽本身设计就偏可爱，如果伴随着兔耳朵的摆动，再配合一些可爱的小表情，那么戴帽子的人看上去会显得非常可爱。可以说，这就是一款卖萌、扮可爱的神器。也正因为如此，许多年轻女生都会想要一顶这样的帽子。

除此之外，搭配音乐旋律捏动兔腿，还能用兔耳朵跳上一支特殊的舞蹈。看着那不断跳动的兔耳朵，许多人的心情都会变好不少。而且许多明星使用兔子帽的短视频在抖音上疯传，也让兔子帽一度备受关注。因此，这款可爱的兔子帽能够走红也就不足为奇了。

10.2.7　宝宝手足印泥：记录宝宝的每一步

一个新生命的诞生，对于一个家庭，甚至是家族来说都是一件值得高兴的事。对于父母来说，孩子就是他们生命的一种延续。看到孩子出生、快速长大，在感到高兴的同时，也会希望将孩子的成长过程用一种方式记录下来。

那么，怎么进行记录呢？其中一种方式就是用手足印泥将孩子的小手和小脚丫的形状永远留存下来。而且对于想要对比查看孩子成长轨迹的父母来说，还可以通过多次操作，将孩子不同时期的小手和小脚丫形状刻画下来。

于是，宝宝手足印泥便受到了许多父母，特别是新生儿父母的欢迎。想用宝宝手足印泥将孩子的小手和小脚丫形状保存下来，操作非常简单，那就是直接将宝宝的小手和小脚丫印在手足印泥上，形成手足印。如果想要增加美感，还可以对手足印泥盘上做一些处理。比如，用颜料给手足印涂上颜色，在手足印周围做一些简单的装饰等，如图 10-23 所示。

图 10-23　宝宝手足印泥的短视频

宝宝的成长过程本身就具有一定的纪念意义，而且在一些特殊的日子，如宝宝满月，就更具有纪念意义了。此时，如果用手足印泥将宝宝的小手和小脚丫印下来，会不会特别有意义呢？

另外，大多数手足印泥采用的都是不易变形的材料，制作完成后便可长期保存下来。等宝宝长大之后，看到父母为他（她）制作的手足印会不会特别感动呢？

而且制作得好的手足印泥盘，还可以挂在墙上，或者摆在桌子、柜子上作为一种装饰。看到这里，你是不是也对这样一种承载纪念意义的物品动心了呢？

10.2.8 会走路的小毛驴：啊！它又摔地上了

抖音上许多网红商品都是偏娱乐性的，它们可能对用户的学习、工作和生活起不到什么实质的帮助，但是却能带给用户无尽的快乐。接下来要介绍的这款产品便属于此类。

这款产品有许多不同的称呼，有的人将它称为"会走路的小毛驴"，有的人将它称为"复读驴"，也有人将它称为"抬杠驴"。这款产品的主要特点就在于，它可以自行移动，也可以像复读机一样重复人说的话。

在抖音短视频平台中，经常可以看到这款产品的声影。许多抖音用户针对这款产品能移动、会重复话语的特点拍摄了许多有趣的短视频。

在如图 10-24 所示的短视频中，就是将小毛驴放在桌子上，计算好小毛驴在桌子上行走的时间，经过一段话语的铺垫，最后让小毛驴说出"啊！"之类的话语后掉下桌子，让人感觉就好像是蠢萌的小毛驴走着走着自己掉下去似的。

图 10-24 会走路的小毛驴的相关短视频

其实，抖音短视频平台中只是展示了该产品的一部分功能，这款产品还能够唱歌、读故事、读古诗等，也就是说它还可作为一种早教辅助用品，而这也让它受到了广大父母的欢迎。毕竟这样一种产品，不光能陪伴孩子，父母自己也能玩得不亦乐乎。